本书为国家社科基金项目“逆全球化思潮对知识产权国际规则发展的影响及中国应对”（17BFX207）结项成果

知识产权研究文丛

逆全球化思潮
对知识产权国际规则的影响及中国的应对策略

詹映 ■ 著

知识产权出版社
全国百佳图书出版单位
—北京—

图书在版编目（CIP）数据

逆全球化思潮对知识产权国际规则的影响及中国的应对策略/詹映著．—北京：知识产权出版社，2023.12

ISBN 978－7－5130－9141－1

Ⅰ.①逆…　Ⅱ.①詹…　Ⅲ.①知识产权—研究　Ⅳ.①D913.04

中国国家版本馆CIP数据核字（2023）第252514号

责任编辑：江宜玲　　**责任校对**：王　岩

封面设计：张国仓　　**责任印制**：刘译文

逆全球化思潮对知识产权国际规则的影响及中国的应对策略

詹　映　著

出版发行：知识产权出版社有限责任公司	**网　　址**：http：//www.ipph.cn
社　　址：北京市海淀区气象路50号院	**邮　　编**：100081
责编电话：010－82000860转8339	**责编邮箱**：99650802@qq.com
发行电话：010－82000860转8101/8102	**发行传真**：010－82000893/82005070/82000270
印　　刷：天津嘉恒印务有限公司	**经　　销**：新华书店、各大网上书店及相关专业书店
开　　本：880mm×1230mm　1/32	**印　　张**：6.875
版　　次：2023年12月第1版	**印　　次**：2023年12月第1次印刷
字　　数：170千字	**定　　价**：58.00元

ISBN 978－7－5130－9141－1

/序　言/

当今世界正面临百年未有之大变局，经济全球化遭遇重挫，逆全球化烽烟四起。2016 年 6 月，英国全民公投决定脱离欧盟（以下简称英国脱欧），拉开了本次逆全球化的序幕；2016 年 11 月，鼓吹“美国优先”的特朗普当选美国总统，主张“反移民”“反欧盟”的欧洲右翼政党乘势崛起。2019 年年底突如其来的新型冠状病毒感染疫情（以下简称新冠疫情）令逆全球化雪上加霜，俄乌冲突则进一步加剧了全球的分裂，有人感叹全球化时代已经终结。在本次逆全球化兴起之初，国内不少学者乐观地认为逆全球化只是短期的逆流，世界很快会回到全球化的正轨之中，然而事实证明并非如此。俄乌冲突尚未结束，巴以冲突又掀波澜。从 2023 年年底的美国大选选情来看，特朗普有可能卷土重来。种种迹象表明，逆全球化仍在继续发展和蔓延。尽管从长期来看，最终走向全球化会是人类社会发展的大势所趋，但近期而言，逆全球化带来的挑战不容小觑。对于逆全球化兴起的原因、走向及可能造成的影响，是我们必须深入研究的课题，知识产权领域也不例外。

2017 年，笔者作为负责人申请的国家社科基金项目“逆全球化思潮对知识产权国际规则发展的影响及中国应对”（17BFX207）获得立项，其时逆全球化浪潮刚刚起步。经过数年的研究，该项目终于在2022年9月顺利结项。虽然当初申请项目时并未以出版专著作为结项成果形式，但笔者认为，鉴于逆全球化势头未减且对我国利害攸关，因此有必要将我们的研究发现以专著形式与知识产权同人分享，尽管我们的成果还不够成熟。本书是笔者在该项目结项报告的基础上修订整理而成，凝聚了课题组全体成员的集体智慧。课题组成员大多是我指导的研究生，先后参与课题研究，他们的毕业论文很多也与该项目相关。课题组成员包括：邱亦寒、林思颖、鲁甜、李青文、李芮、张紫恒、吴紫莹、张廷梅、史春惠、冯宝允、曹晓慧、颜森、李金坤、高昱珂、郑志聪、韩振燕、董玥彤、郜宙翔、江庆莹、莫凡、李凡、冯莎、高婧。在此感谢他们对该项目和本书的贡献。

知识产权国际规则的形成与发展是近代以来经济全球化的产物，当逆全球化来袭，知识产权国际保护也不可避免地会受到巨大冲击。不过，危中有机，在逆全球化的浪潮之下，包括知识产权国际规则在内的全球治理体系也在不断调整重构，这为中国深度参与知识产权全球治理，推动构建对中国更为友好的知识产权国际新秩序提供了机遇。从历史经验来看，知识产权国际保护勃兴之时往往也是世界和平发展与科技昌明之日。我们衷心期待逆全球化的阴霾能早日散去，唯愿天下太平，各国人民能同舟共济，合作共赢。

/ 缩略语表 /

缩略语	英文名	中文名
ACTA	Anti – Counterfeiting Trade Agreement	《反假冒贸易协定》
APEC	Asia – Pacific Economic Cooperation	亚太经济合作组织
BIRPI	United International Bureaux for the Protection of Intellectual Property	保护知识产权联合国际局
CPTPP	Comprehensive Progressive Trans – Pacific Partnership	《全面与进步跨太平洋伙伴关系协定》
DEPA	Digital Economy Partnership Agreement	《数字经济伙伴关系协定》
EPA	EU – Japan Economic Partnership Agreement	《欧盟 – 日本经济伙伴关系协定》
FDA	Food and Drug Administration	美国食品药品监督管理局
FTAAP	Free Trade Area of the Asia – Pacific	亚太自贸区
GATT	General Agreement on Tariffs and Trade	关税与贸易总协定
IMF	International Monetary Fund	国际货币基金组织
ITC	International Trade Commission	美国国际贸易委员会
NAFTA	North American Free Trade Agreement	《北美自由贸易协定》
NGO	Non – Governmental Organization	非政府组织
NZSCEP	Agreement between New Zealand and Singapore on a Closer Economic Partnership	《新西兰 – 新加坡紧密经济伙伴关系协定》

缩略语	英文名	中文名
PIPA	Preventing Real Online Threats to Economic Creativity and Theft of Intellectual Property Act of 2011	《保护知识产权法案》
PPI	Pirate Parties International	盗版党国际
P3 – CEP	Pacific Three Closer Economic Partnership	《太平洋三国紧密经济伙伴关系协定》
RCEP	Regional Comprehensive Economic Partnership	《区域全面经济伙伴关系协定》
SOPA	Stop Online Piracy Act	《禁止网络盗版法案》
SPLT	Substantive Patent Law Treaty	《实体专利法条约》
TPP	Trans – Pacific Partnership Agreement	《跨太平洋伙伴关系协定》
TPSEP	Trans – Pacific Strategic Economic Partnership Agreement	《跨太平洋战略经济伙伴关系协定》
TRIPS	Agreement on Trade – Related Aspects of Intellectual Property Rights	《与贸易有关的知识产权协定》
TTIP	Transatlantic Trade and Investment Partnership	《跨大西洋贸易与投资伙伴关系协定》
TWEA	Trading with the Enemy Act	《与敌国贸易法》
USMCA	The United States – Mexico – Canada Agreement	《美国 – 墨西哥 – 加拿大协定》
WHO	World Health Organization	世界卫生组织
WIPO	World Intellectual Property Organization	世界知识产权组织
WTO	World Trade Organization	世界贸易组织

/摘　要/

2016年，以英国脱欧、特朗普当选美国总统为标志，一股逆全球化思潮猛然袭来。几年过去，与大多数学者和观察家最初预料不同的是，这股逆全球化思潮不仅没有消退，而且有继续扩大之势，新冠疫情和俄乌冲突的爆发又令逆全球化进一步加剧。逆全球化对全球政治、经济，包括知识产权全球治理，带来深远影响和巨大挑战。

英国脱欧正式拉开本次逆全球化的序幕，脱欧不仅削弱了英国的国际地位，也重创了欧洲的一体化进程，令欧盟的软硬实力和国际影响力大减。与此同时，英国脱欧激发了欧盟各国内部的疑欧势力，也为美国国内的反全球化思潮推波助澜。特朗普当选美国总统令逆全球化思潮加速蔓延，美国亦从此由现代国际多边协调机制和自由贸易体系的创立者和领导者变身为单边主义和贸易保护主义的领头羊。2019年12月，新冠疫情突然暴发，为了阻断病毒传播，许多国家纷纷采取封锁措施，断航、停运，甚至封城、封国。一些国家为了保证本国抗疫医药品的优先供应和产业链安全，不惜出台各种保护主义措施，令逆全球化思潮进一步加剧。2022年2月24日，俄罗斯总统普京授权俄军在乌克兰展开“特别军事行动”，以美国为首的西方国家对俄罗斯实施了史无前例的制裁措施，俄罗斯则采取针锋相对的反制裁举措。不少人提出，全球化时代已经终结。

每次逆全球化思潮的出现均非偶然，其背后有经济、政治和社会等多方面的原因，此次逆全球化思潮的兴起也同样是由多方面因素共同促成。逆全球化思潮背后的经济原因在于，全球化带来的经济红利在世界各国之间，以及在一国内部不同阶层之间的分配并不均衡。除了经济原因之外，一些国家推进逆全球化政策，与政治亦不无关联。意识形态、地缘政治和国际话语权的争夺也是当前逆全球化思潮背后的重要推手。此外，逆全球化思潮背后还有其社会文化因素。全球化促进了原材料、信息、科学技术以及劳动力等生产要素在全球的自由流动，同时也带来了副产品——移民和难民问题、文化宗教和民族认同危机、资本对公民社会的倾轧，等等。

知识产权国际规则的发展与全球化关联紧密。一方面，知识产权国际规则是经济全球化的产物。《保护工业产权巴黎公约》（以下简称《巴黎公约》）和《保护文学和艺术作品伯尔尼公约》（以下简称《伯尔尼公约》）即是由国际贸易的发展所直接促成，成为人类历史上最早缔结的知识产权国际保护协定。“二战”之后，全球化进入新阶段，世界知识产权组织（World Intellectual Property Organization，WIPO）的成立以及《与贸易有关的知识产权协定》（Agreement on Trade - Related Aspects of Intellectual Property Rights，TRIPS）的签订标志着知识产权国际保护进入新的时代。然而，逆全球化思潮下知识产权全球治理面临挑战：第一，逆全球化思潮对知识产权国际多边立法机制产生冲击；第二，逆全球化思潮对知识产权保护水平产生影响。

知识产权国际立法机制的形成与发展和国际经济贸易、全球化进程等因素息息相关。然而，近些年来，英国脱欧，欧洲右翼政党崛起，美国政府单方面发动对华贸易战、科技战等一系列举动均导致逆全球化思潮的不断扩散。新冠疫情、俄乌冲突等突发性国际事件也使得全球化进程雪上加霜。此种情形下，与国际贸易、全球化进程息息相关的知识产权国际保护机制也饱受冲击。逆全球化思潮使得原有的知识产权多边立法机制奄奄一息，WIPO以及世界贸易组织（World Trade Organization，WTO）等多边组织不仅不能维持自身权威，更无法及时、有效地协调发达国家与发展中国家关于知识产权保护的不同诉求。因此，多边立法谈判出现停滞不前的局面，新冠疫苗专利豁免历尽艰难才得以达成，发达国家和发展中国家的行动步伐愈加难以统一，WIPO 和 WTO 框架下的多边立法机制在国际知识产权规则的制定、管理和执行方面发挥的作用大不如前。因此，各国逐步转向区域化立法，积极推动区域性和双边条约的签订。同时，由于逆全球化思潮愈演愈烈，单边主义和保护主义进一步抬头，以美国为首的发达国家不断推行单边主义和贸易保护主义的政策，致使知识产权国际保护机制逐步趋向区域化、碎片化。部分发达国家为了维护自身大国地位以及在国际事务中的主导地位，竭力遏制发展中国家和新兴经济体的崛起，并试图绕开既有的多边立法框架，转而将其国内法适用于国际争端，推行一系列的单边主义和保护主义措施。例如，一些美国政客在“美国优先”的旗号下奉行单边主义，一方面藐视多边规则和多边贸易体制，公开反对全球主义理念。另一方面，美国不断适用国内法解决国际问题或者其他国家的国内问题。在知识产权领域，主要表现为频繁利用“337 调查”和“特别 301 条款”等国内法启动单边调查、采取知识产权制裁措施等。新冠疫情肆虐全球之时，各国本该齐心协力、共渡难关，以美国为首的发达国家却大肆主张“本国优先”的疫苗民族主义，破坏全球药品供应链。在知识产权领域，由于一些发达国家的阻挠，新冠医药品知识产权豁免谈判迟迟才得以达成。

逆全球化思潮对于知识产权保护水平也产生了重要影响。一方面，知识共享运动以及逆全球化思潮中具有反建制主义倾向的盗版党运动在一定程度上阻却了知识产权保护水平日益强化的发展态势。另一方面，发达国家通过区域或双边磋商机制，以自由贸易协定作为载体，推行比 TRIPS 标准更高的知识产权保护规则，提升了全球知识产权保护水平。美国将经贸问题政治化，在贸易问题上大搞单边主义和保护主义，更将知识产权保护当作打压别国、维护自身的工具，客观上提升了全球知识产权保护标准。2019 年年末突如其来的新冠疫情更是成为全人类发展的新变局，民族主义和民粹主义伺机深入一些西方国家的防疫意识并外化于防疫政策和措施，阻碍全球抗疫合作，加剧了逆全球化。其对知识产权国际规则的影响比较复杂，既有因专利强制许可、豁免带来的保护水平下降，也有因疫苗民族主义和保护主义等带来的实际保护水平提升。2022 年 2 月俄乌冲突发生后，以美国为首的西方国家对俄罗斯采取多轮制裁措施并不断加码。俄罗斯在西方的封锁之下，制定了一系列反击措施。受此影响，知识产权全球治理多边体系也进一步受损，知识产权越来越频繁地被当作一种“政治工具”，破坏了全球合作，同时也阻碍了全球知识产权保护水平的正常发展。

本次逆全球化思潮的兴起，源自政治、经济和社会文化等多方面，短期内不会消退，在某些领域甚至还可能会继续蔓延。面对波谲云诡、变幻莫测的国际形势，如何保持战略定力，参与知识产权全球治理，推动建立对我国更为友好的知识产权国际规则，是我们必须回答的问题。针对逆全球化思潮在知识产权领域的种种表现，我们可分别从以下方面加以应对。

第一，在针对单边主义和保护主义的知识产权策略上，我国宜积极应对美国“301 调查”，为中美贸易战做好长期准备；以平常心看待美国年度《特别 301 报告》。我们不仅要明确该报告中很多关于我国的阐述是一种无端的指责，也要正视该报告提到的中国在知识产权保护方面客观存在的问题；坚决抵制美国《恶名市场报告》；同时，合理应对知识产权长臂管辖。

第二，在应对知识产权全球治理区域化、双边化的知识产权策略方面，我们应变被动为主动，积极参与知识产权国际规则的制定，将知识产权议题置于国际经贸发展大局中通盘考虑，更加开放地看待“TRIPS 递增”趋势。在积极维护多边体制的同时，也应密切关注和顺应当前的区域化潮流，在知识产权议题上坚持多边和区域并举。具体而言，可以《区域全面经济伙伴关系协定》（Regional Comprehensive Economic Partnership，RCEP）为契机积极参与区域知识产权规则制定，未雨绸缪，合理应对《全面与进步跨太平洋伙伴关系协定》（Comprehensive Progressive Trans - Pacific Partnership，CPTPP）知识产权条款。

第三，在应对新冠疫情的知识产权国际协调之策上，宜推动应对新冠疫情的知识产权国际协作，支持新冠医药品知识产权豁免，主动参与和公共健康相关的国际知识产权立法。在应对俄乌冲突的知识产权策略上，我们应以开放化解风险，更加积极推进知识产权多边治理，同时巩固“一带一路”成果，搭建知识产权合作平台。

第四，应注重加强自身高新技术研发，应对西方未来可能的制裁。

在面临逆全球化挑战的今天，我们需要更加积极地参与知识产权全球治理，在知识产权国际规则的制定中力争发挥更大的作用，为我国知识产权强国建设创造更为有利的国际环境。

/目　录/

第一章　逆全球化思潮与知识产权全球治理

第一节　逆全球化思潮的兴起与缘由

一、逆全球化思潮的缘起和演进

“二战”以来，尤其是“冷战”结束之后，经济全球化不断发展，各国经济加速融合成为趋势。然而，2008 年全球金融危机的爆发，让人们对经济全球化的热情开始降温。2016 年，以英国脱欧、特朗普当选美国总统为标志，一股逆全球化浪潮就此拉开序幕。几年过后，与大多数学者和观察家最初预料不同的是，这股逆全球化思潮不仅没有消退，而且有继续发展、扩大之势。新冠疫情和俄乌冲突的爆发又令逆全球化进一步加剧，甚至有人喊出，全球化已经终结。① 逆全球化思潮的影响不仅涉及经济领域，也对全球政治、科技，包括知识产权全球治理，带来深远影响和巨大

① FINK L. Larry Fink's chairman's letter to our shareholders [EB/OL]. (2022 - 03 - 24) [2022 - 05 - 26]. https: //www. blackrock. com/corporate/investor - relations/larry - fink - chairmans - letter.

挑战。要考察逆全球化思潮及其对知识产权国际规则的影响，我们需要追本溯源，对逆全球化进程中的几个标志性事件进行条分缕析，进而破解其中玄机。

（一）英国脱欧拉开本次逆全球化序幕

2016年6月23日，英国举行全民公投，最终以52%选民支持、48%反对的投票结果，选择脱离欧盟。公投结果一出，立即震动世界，全球股市随之暴跌。在欧洲，英国《金融时报》100指数开盘下跌8.7%，法国CAC40指数下跌7.87%，德国DAX指数下跌近10%。在亚洲，日经指数收盘跌7.9%。在美洲，美国纳斯达克指数开盘即跌3.80%。① 英国脱欧不仅对英国和欧盟形成重大冲击，也对全球政治、经济秩序产生重大影响。

英国选择脱欧的原因有其历史背景和现实考虑。从历史而言，英国一直未将自己认定为欧洲国家，而是自视为“欧洲外者”，有着“疑欧”的传统。② 从现实而言，欧盟面临严重的主权债务危机和难民危机，许多英国人对欧盟的政策不满，认为如果英国脱欧，会大大降低英国的负担。此外，经济全球化令英国的社会阶层分化严重，反对全球化、鼓吹民族主义和民粹主义的势力趁机兴起，通过夸大宣传，影响了大量底层民众的投票意愿。③

英国脱欧被认为是本次逆全球化的标志性事件。脱欧不仅削弱了英国的国际地位，也重创了欧洲的一体化进程，令欧盟的软硬实力和国际影响力大减。与此同时，英国脱欧激励了欧盟各国内

---

① 新华社. 财经观察：英国“脱欧”，欧洲市场受冲击但没恐慌［EB/OL］.（2016-06-25）［2022-06-30］. http://world.people.com.cn/n1/2016/0625/c1002-28478049.html.

② 金玲. 英国脱欧：原因、影响及走向［J］. 国际问题研究，2016（4）：24-36，131-132.

③ 任琳. 英国脱欧对全球治理及国际政治经济格局的影响［J］. 国际经济评论，2016（6）：4，21-30.

部的疑欧势力，也为美国的反全球化思潮推波助澜。可以说，英国脱欧推倒了第一张多米诺骨牌，正式开启了本次逆全球化进程。

（二）特朗普上台加剧逆全球化向全球蔓延

2016年11月9日，商人出身且从无从政经验的唐纳德·特朗普击败民主党总统候选人、资深政客——希拉里·克林顿，当选美国第45任总统。以“美国优先”为竞选口号的特朗普一上台，就开始践行其一贯的反全球化主张，并立即兑现其竞选承诺，大举“退群”。2017年1月23日，美国退出本由其主导的《跨太平洋伙伴关系协定》（Trans－Pacific Partnership Agreement，TPP）。2017年10月，美国宣布退出联合国教科文组织。2018年，美国又宣布退出联合国人权理事会。2019年2月1日，美国宣布中止与俄罗斯签订的《中导条约》。2019年11月，美国通知联合国，退出应对全球气候变化的《巴黎协定》。2020年7月6日，美国政府通知联合国秘书长，将退出世界卫生组织（World Health Organization，WHO）。2020年7月，美国又宣布退出《开放天空条约》。在特朗普的主导下，美国强迫加拿大、墨西哥重新谈判《北美自由贸易协定》（North American Free Trade Agreement，NAFTA），并向韩国施压，要求重签《美韩自贸协定》。不仅如此，美国甚至威胁要退出WTO和联合国。[①] 特朗普“退群”的目的在于减轻美国所受的限制，以便无所顾忌地实行“以美国为优先”的各项政策。特朗普上台后，一方面通过大规模减税，促使制造业和资本回流美国，如特朗普推动将公司税由35%降到20%，美国企业将海外利润汇回国内可享受5%～12%的低税率。另一方面，特朗普政府频频针对主要贸易伙伴发

---

① SILVA C. Leave The UN? Palin tells Trump to make it happen [N/OL]. International Business Times. [2017－01－01]. http://www.ibtimes.com/leave－united－nations－sarah－palin－tells－donald－trump－make－it－happen－2468025.

动贸易战，甚至不惜与自己的盟友翻脸。例如，美国 2018 年对欧盟、加拿大、日本等盟友征收“钢铝关税”。2019 年 4 月又威胁对欧盟 110 亿美元商品加征关税，以制裁欧盟对空中客车公司的补贴。对于中国，特朗普政府视中国为头号“战略竞争者”和试图挑战美国领导地位的“修正主义国家”，认为中国是全球化的最大受益者，也是美国贸易逆差的最大来源国，还是美国知识产权的最大“窃取者”。① 正因如此，2017 年 8 月，在特朗普上台仅仅数月之后，美国政府就对中国发起“301 调查”②，并进而对中国发起规模空前的贸易战。

特朗普当选美国总统貌似“意外”，但其实事出有因。在美国，随着中低端制造业向中国等发展中国家大量转移，美国出现了大面积的“铁锈地带”和大量生活陷入困境的产业工人。加之全球化引起的移民、身份认同和国土安全等问题，美国不少人尤其是中底层民众对全球化产生了强烈质疑。特朗普正是“代表”了这一部分民意，他的“意外”当选其实并非偶然，而是逆全球化思潮在美国兴起的重要表现和必然结果。美国亦由此从国际多边机制和自由贸易体系的创立者和领导者变身为单边主义和保护主义的领头羊。③④

---

① 黄永富. 美国最新《国家安全战略》对华政策简析［J］. 中国发展观察，2018(7)：41-44.

② “301 调查”源自美国“301 条款”，包含“一般 301 调查”和“特别 301 调查”。当他国否定了美国根据贸易协定应享有的权利，或者他国的法律、政策或做法违反了贸易协定，“不公正”或“不合理”且对美国的商业造成负担或限制时，美国贸易代表可以自行或根据总统指示对此展开调查和磋商，并采取单方贸易制裁或报复措施，据此启动的调查即为“一般 301 调查”。此外，美国贸易代表办公室每年发布《特别 301 报告》，可对报告中认定的严重侵害美国知识产权的“重点国家”展开调查和磋商，并可视情况采取制裁措施，此种调查即为“特别 301 调查”。

③ 徐坚. 逆全球化风潮与全球化的转型发展［J］. 国际问题研究，2017(3)：1-15，125.

④ 景丹阳. 西方国家的逆全球化危机和“驯服”全球化［J］. 国际展望，2017，9(1)：52-69，146-147.

（三）新冠疫情令全球化雪上加霜

2019 年 12 月，新冠疫情突然暴发，并很快蔓延至全球，演变成为百年未遇的全球重大公共卫生危机。自 2020 年 1 月 31 日 WHO 宣布本次新冠疫情构成“国际关注的突发公共卫生事件”，至 2023 年 5 月 5 日 WHO 总干事谭德塞在日内瓦宣布新冠疫情不再构成“国际关注的突发公共卫生事件”，前后历时将近三年半，全球为之付出惨重代价。2023 年 12 月，新冠疫情甚至再次在许多国家出现反弹。自新冠疫情暴发以来，由于新冠病毒在全球快速扩散，许多国家为了阻断病毒传播，纷纷采取封锁措施，断航、停运，甚至封城、封国。一些国家为了保证本国的抗疫医药品的优先供应和产业链安全，不惜出台各种保护主义措施，令逆全球化进一步加剧。

其表现之一，是新冠疫情使得产业链布局从全球化向本地化回撤。为了防范新冠疫情的扩散，各国采取严厉的人流、物流封锁措施，令许多国家开始考虑将供应链回撤至本国国内，以保证本国产业安全。2020 年 4 月，美国白宫国家经济委员会主任库德洛（Kudlow）呼吁所有美国在华企业撤离中国，并建议美国联邦政府应为每一家想离开中国的美国公司“支付搬迁费用”，以消除后疫情时代美国对中国的过度依赖。① 与此同时，日本经济产业省宣布将推出 2435 亿日元资助计划，用于资助日本制造商将生产线撤出中国，避免供应链过于依赖中国。②原本是在全

---

① RAPOZA K，KUDLOW. “Pay the moving costs” of American companies leaving China [EB/OL]. (2020-04-10) [2022-06-22]. https://www.forbes.com/sites/kenrapoza/2020/04/10/kudlow-pay-the-moving-costs-of-american-companies-leaving-china/?sh=50e2643e13c6.

② 芯智讯. 日本政府出资 2435 亿日元：鼓励日资企业将生产撤出中国 [EB/OL]. (2020-04-10) [2022-03-30]. https://news.mydrivers.com/1/682/682724.htm.

球化布局下的产业链面临重大调整，作为世界工厂的中国受此影响尤为显著。美国部分政客原本就鼓吹要与中国“脱钩断链”，此次新冠疫情为他们提供了绝好的借口。

其表现之二，是新冠疫苗及药品民族主义一度甚嚣尘上。2020 年 4 月，为保证美国得到充足的疫苗供应，时任美国总统特朗普动用《国防生产法》，对疫苗生产原材料进行出口管制。对此，2021 年 4 月，印度最大疫苗生产商——印度血清研究所首席执行官阿达尔·普纳瓦拉在推特上发帖，恳求美国总统拜登解除新冠疫苗原材料的出口限制。[①] 与此同时，一些发达国家只管本国疫苗供应绝对安全，大量囤积疫苗，无视一些发展中国家连人均一剂疫苗都难以保障的情况。例如，2021 年 3 月，美国政府就囤积了辉瑞、莫德纳、强生的 8 亿剂疫苗，而其人口只有 3.3 亿。英国只有 6000 多万人口，而英国政府预定的疫苗超过 5 亿剂。相比之下，非洲大陆在同一时间第一剂疫苗接种率仅为 2% 左右，撒哈拉以南非洲地区第一剂疫苗接种率仅为 1%。面对新冠疫情，部分发达国家自扫门前雪的做法令许多国家不得不重新审视全球化的可依赖性。

（四）俄乌冲突进一步“终结”全球化进程

2022 年 2 月 24 日，俄罗斯总统普京授权俄军在乌克兰展开“特别军事行动”，俄乌冲突由此正式爆发，并已演进成为“二战”后欧洲最大规模的战争。以美国为首的西方国家对俄罗斯实施了史无前例的制裁措施，俄罗斯则采取针锋相对的反制裁措施予以回应。由于各国对于这场军事冲突立场不同，世界也由此陷入分裂。不少人提出，全球化时代已经终结。全球最大资产管理

---

① 包雪琳. 喊话拜登 印度疫苗生产商求解禁原材料出口［N/OL］.（2021－04－18）［2022－06－22］. http：//www. xinhuanet. com/world/2021－04/18/c_1211115216. htm.

公司贝莱德董事长兼 CEO 拉里·芬克表示："俄乌战争终结了我们过去 30 年经历的全球化。"①

在经济方面，西方国家在俄乌冲突爆发后，立即对俄罗斯展开了极其严厉的经济制裁。美国、英国等多国将俄罗斯主要银行排除出环球银行金融电信协会支付系统，并对俄罗斯央行实施限制措施。美国、欧盟、日本和英国宣布冻结俄罗斯在本国/本地区的资产，并对部分俄罗斯官员和商人实施制裁，就连传统中立国瑞士也加入了对俄罗斯制裁的行列。

在俄罗斯最为倚重的能源方面，西方国家对俄罗斯进行封杀围堵。欧盟多国宣布对俄罗斯石油实施禁运，德国宣布"暂不对'北溪-2 号'项目给予批准和认证"。美国也宣布对负责建造与运营"北溪-2 号"的公司及其高管实施制裁。欧盟发布出口禁令，阻止俄罗斯的炼油厂进行设备更新。

在交通运输方面，2022 年 2 月 27 日，欧盟宣布对俄罗斯关闭领空，禁止任何属于俄罗斯的、在俄注册的、被俄罗斯机构或个人租用或实际控制的飞机在欧盟空域内起降或穿越。美国、加拿大等国也相继宣布禁止俄罗斯飞机入境。作为回应，俄罗斯联邦航空运输署也随即宣布限制 36 国航班在俄领空的飞行。

在体育、文化交流方面，西方国家也对俄罗斯进行封杀。在俄罗斯对乌克兰开展"特别军事行动"后，国际奥委会禁止俄罗斯运动员代表俄罗斯参加奥运比赛，并建议国际体育协会禁止俄罗斯、白俄罗斯运动员参加国际体操世界杯、法国花样滑冰世锦赛等。现代奥林匹克运动的缔造者顾拜旦倡导的"体育无关政治"的理念被抛弃。国际足联和欧足联暂停了俄罗斯足球俱乐部和国家队的所有比赛，国际自行车联盟禁止俄罗斯或白俄罗斯国

---

① FINK L. Larry Fink's chairman's letter to our shareholders [EB/OL]. (2022-03-24) [2022-05-26]. https://www.blackrock.com/corporate/investor-relations/larry-fink-chairmans-letter.

家队参加该联盟日历上的任何赛事。由此，体育中立原则也被放弃。不仅如此，对俄罗斯的制裁甚至蔓延到文化领域。俄罗斯被禁止参加 2022 年的欧洲歌唱大赛，俄罗斯指挥家瓦莱里·捷杰耶夫（Valery Gergiev）因一直拒绝谴责俄罗斯攻打乌克兰的行为被德国慕尼黑爱乐乐团开除；英国、爱尔兰的多个剧院取消俄罗斯芭蕾舞剧《天鹅湖》的演出。

令人进一步担忧全球化前景的是，一些跨国公司也纷纷从俄罗斯撤离。俄乌冲突发生后，微软、西门子、IBM、英国石油公司、麦当劳、星巴克等数百家西方跨国企业宣布退出俄罗斯市场。2022 年 5 月，WTO 总干事伊维拉称，不断升级的地缘政治紧张局势有可能导致世界经济分化为多个贸易集团。这种多边贸易体制的分裂将对各地增长前景产生重大影响，特别是主要贸易国。国际货币基金组织第一副总裁吉塔·戈皮纳特也表示，一些“脱钩”趋势将导致世界进一步分裂，让全球增长付出更大代价。①

二、逆全球化思潮兴起的原因分析

人类社会的第一次全球化发生在第一次工业革命时期，知识产权国际保护体系的形成也正是发生在这一时期。在此后的 200 年间，人类社会经历了两次全球化浪潮，同时也经历了三次逆全球化思潮。② 每次逆全球化思潮的出现均非偶然，它背后有经济、政治和社会等多方面的原因，此次逆全球化思潮的兴起也同样是由多种因素共同促成的。

---

① 李晓喻. 经济全球化在走向终结吗［EB/OL］.（2022－05－30）［2022－06－29］. https：//baijiahao. baidu. com/s?id＝1734255163309585696&wfr＝spider&for＝pc.

② 盛斌，黎峰. 逆全球化：思潮、原因与反思［J］. 中国经济问题，2020（2）：3－15.

（一）逆全球化背后的经济原因

早在1997年亚洲金融危机爆发之时，就已经开始出现此起彼伏的反全球化抗议示威活动。一些反全球化的民间团体在G7峰会、世界银行和WTO例会所在地举行各种集会、游行活动。2008年全球金融危机又导致更多的反全球化示威活动在世界各国蔓延。不难看出，经济因素是推动逆全球化的重要原因。“二战”之后开始的第二次全球化，极大地推动了世界经济的增长，但全球化带来的经济红利在世界各国之间，以及在一国内部不同阶层之间的分配并不均衡。中国、印度等新兴发展中国家借助经济全球化获得了长足发展，而在部分发达国家，一些受益于全球化的行业，如金融、高科技行业的精英阶层变得越来越富有，而传统行业特别是制造业由于不断从发达国家向新兴发展中国家转移，发达国家大量的传统产业工人及其家庭变得更加贫困和边缘化，他们自然成为反全球化的主要力量。以美国反全球化势力的大本营——铁锈地带（Rust Belt）为例，位于这一地带的8个州曾经是美国的钢铁、汽车、机械和玻璃制造中心，一度占据了美国45%以上的经济总量，美国一半以上的产业工人在这一地区工作。[①]然而全球化令这一地区的制造业面临中国等新兴发展中国家产品的冲击，不得不减产或外迁，留下大量的生锈厂房，产业工人失业率居高不下。因此，这一地区的所谓“铁锈八州”就成为美国反全球化势力的根据地。与此同时，“铁锈八州”还是决定美国总统大选的关键州，因而其选票往往会对美国大选及其国家政策走向产生重大影响。2016年，以“美国优先”为口号的共和党总统候选人特朗普获得该地区超过70%的选举人票，“铁锈八州”中有6个支持特朗普。特朗普上台后，立即进一步

① 桂鹏．全球化的冲击下，美国锈带传统工业愈演愈烈的困局［N］．澎湃新闻，2016－11－18．

将反全球化推广到世界各地。由此可见，全球化所带来的产业转移和利益分配失衡，是逆全球化思潮兴起的直接动力。

（二）逆全球化背后的政治原因

除了经济原因之外，一些国家推进逆全球化政策，与政治亦不无关联。意识形态、地缘政治和国际话语权竞争也是当前逆全球化浪潮背后的重要推手，这在近年来某些西方国家针对中国和俄罗斯的各种遏制和“脱钩”行动中表现得尤为明显。

特朗普上台后不久就对中国发起“301 调查”，进而引发中美贸易战，对中国几乎全部输美商品施加惩罚性关税，并对中国高科技龙头企业华为、中兴等进行精准打击。和之前的贸易战不同，这次对华贸易战不仅出于经济目的。2017 年 12 月 18 日，美国政府发布《国家安全战略报告》，这是特朗普上台后首次发布的安全战略报告。报告 33 次提及中国，将中国与俄罗斯一起并列为“试图侵蚀美国安全和繁荣的修正主义国家”，视作威胁美国国家安全利益的“三大挑战”之一。[①] 报告对中国的关系定位已从奥巴马时期的“战略伙伴”变成了“战略竞争者”，反映出特朗普政府已毫不掩饰地将中国当作头号竞争对手看待。因此，美国发起对华贸易战的动机不仅是经贸问题那么简单，其背后含有全面遏制中国崛起的意味。特朗普下台后，其继任者拜登原本并不反全球化，却延续特朗普的对华遏制政策，继续推动与中国“脱钩”，并在印太地区加强对中国的围堵。不难看出，在美国的逆全球化政策背后，一部分是有其政治目的的“去中国化”。

在 2022 年俄乌冲突爆发后，美国及其西方盟友立即对俄罗

---

① 美国 2017 年《国家安全战略报告》称，美国现存三大挑战，即中俄两国的修正主义势力、像伊朗和朝鲜这样的流氓国家，以及跨国威胁组织，特别是圣战恐怖组织。该文件详见：https：//www. researchgate. net/publication/324577091 _ The _ 2017_National_Security_Strategy_of_the_United_States.

斯实施了力度空前的制裁，从经济、政治、文化、体育等各方面封杀和孤立俄罗斯，令逆全球化达到新的高潮。而俄乌冲突之所以发生，与北约不断东扩，蚕食其周边原苏联国家势力范围，挤压俄罗斯安全空间有直接关系。①

因此，有学者指出，西方国家推动逆全球化的真实意图，并非只是要阻逆能够促进资本扩张的全球化，而是寄望于通过重构现阶段的全球治理体系和全球治理规则，重塑更有利于自身利益的全球治理秩序，从而使自身能够在全球利益分配格局中重新占据不被撼动的霸权地位。②

（三）逆全球化背后的社会文化原因

全球化促进了原材料、信息、科学技术以及劳动力等生产要素在全球的自由流动，同时也带来了副产品——移民和难民问题、文化宗教和民族认同危机，以及资本对公民社会的倾轧等。在反全球化的游行示威活动中，反外国移民、反外来文化、反资本主义和建制主义，甚至反对知识产权保护都成为反全球化团体的口号和诉求。

在欧洲，不断扩大的移民潮和难民潮，令欧洲发达国家民众担心欧洲的文化和宗教传统将受到冲击。由于欧洲白人生育率不断下降，而欧盟境内穆斯林人口的生育率远高于白人，欧洲面临日益严重的伊斯兰化威胁。在美国，随着来自拉丁美洲和亚洲的移民不断涌入，美国社会已出现拉美裔化的趋势，因而引起了美国白人的担心和不满。美国著名政治学家、《文明的冲突与世界秩序的重建》一书的作者亨廷顿由此认为，如果美国摒弃了“美国信条和西方文明，就意味着我们所认识的美利坚合众国的终

---

① 毕洪业．从危机到战争：俄罗斯本体安全与俄乌冲突［J］．外交评论（外交学院学报），2022，39（2）：21－54.

② 马超，王岩．逆全球化思潮的演进、成因及其应对［J］．思想教育研究，2021（6）：99－105.

结，实际上也就意味着西方文明的终结”。他在《我们是谁——美国国家特性面临的挑战》一书中指出，拉美裔移民的涌入、次国家认同的强化以及多元文化主义的盛行，导致盎格鲁-新教文化在美国文化中核心地位的动摇。美国若不能重新振作国民身份和“美国特性”意识，确立国家的目标感，以及国民共有的文化价值观，美利坚合众国也难免会遭受斯巴达、罗马等国家灭亡的命运。①② 在2016年美国大选中，毫无从政经验的特朗普能够胜出，与他的反移民主张不无关系。在特朗普上台后，他积极兑现竞选承诺，采取了一系列限制移民措施，包括在美国墨西哥边境修建隔离墙。这些举措，事实上受到了大多数美国民众的欢迎。

在此次反全球化运动中，民粹主义的兴起是值得关注的现象。反精英、反体制、反对资本家，倡导极端平民主义成为当前西方社会中的一大思潮，它往往与反全球化合流，对当今国际政治、经济，包括知识产权国际规则的影响越来越大。反对现行知识产权保护制度，主张知识共享，放松盗版限制也成为民粹主义的一部分，它对知识产权国际规则的走向已经产生实际影响，如美国、日本和欧盟共同推动的高标准知识产权保护协定——《反假冒贸易协定》（Anti-Counterfeiting Trade Agreement，ACTA）以及美国《禁止网络盗版法案》（Stop Online Piracy Act，SOPA）、《保护知识产权法案》（Preventing Real Online Threats to Economic Creativity and Theft of Intellectual Property Act of 2011，PIPA），正是在民粹主义团体的抗议下被迫搁置。

由上可知，本次逆全球化背后存在多种推动力量，成因复

---

① 亨廷顿. 我们是谁：美国国家特性面临的挑战［M］. 程克雄，译. 北京：新华出版社，2005：280-281.

② 储昭根. 当前西方的反全球化浪潮：成因及未来走向［J］. 人民论坛·学术前沿，2017（3）：20-30.

杂。其与全球化驱动力量之间如何博弈，将决定全球政治、经济格局的未来走向。

第二节　知识产权国际规则的发展及其与全球化的关联

一、知识产权国际规则是经济全球化的产物

知识产权国际保护制度的形成始于 19 世纪的欧洲，当时正是第一次全球化迅速发展的时期。1883 年签署的《巴黎公约》和 1886 年签署的《伯尔尼公约》是人类历史上最早缔结的知识产权国际保护协定，标志着知识产权立法步入了一个新的历史阶段，即各国独自产生的知识产权制度，在知识产权国际保护的框架下，逐渐走上一体化、国际化的道路。[①]“二战”之后，全球化进入新阶段，而在知识产权领域，随着 WIPO 的成立，《巴黎公约》和《伯尔尼公约》等一众知识产权国际协定转由 WIPO 统一管理。1994 年，WTO 的成立标志着经济全球化获得进一步提升。与此同时，WTO 框架下 TRIPS 协定的签订也标志着知识产权国际保护进入新的阶段，知识产权国际规则在保护水平和立法机制上达到新的高度。

（一）《巴黎公约》和《伯尔尼公约》的形成

《巴黎公约》于 1883 年 3 月 20 日通过。该条约标志着知识产权发展的一个重要转折点，因为它是有史以来第一部知识产权国际条约。值得注意的是，到今天，《巴黎公约》仍然有效。该条约的适用范围包括专利、商标、工业设计、实用新型、商号、

---

① 吴汉东. 知识产权法［M］. 北京：法律出版社，2021：110－111.

地理标志以及反不正当竞争。《巴黎公约》的签订可追溯到1851年在伦敦举办的国际博览会，它是各国展示其设计师和发明家成果的重要机会，也是公众观察学习的机会。在外国独家产品进入东道国市场之前，如果允许不加限制地获取这些产品，会带来仿冒的风险。基于这一原因，同年英国迅速制定了《发明保护法》，允许未获得英国专利的外国发明在英国展出时可以获得保护。然而，这种保护有效期只有一年，这使得批评者质疑这种临时保护的必要性。尽管如此，参展商在展会期间广泛采取了保护措施。事实上，外国参展方共提出691份专利申请，获颁了630份专利保护证书。1851年法案提供的临时保护在1852年被采纳为英国专利法的内容之一。后来，其他国家也采取了类似性质的临时保护措施，以便在本国举行的国际展览会中可以为外国参展商提供保护。例如，在巴黎（1855年和1867年）和维也纳（1873年）举行的国际博览会期间，东道国就实施了这种临时保护措施。继1873年的维也纳博览会之后，奥地利政府颁布了《奥地利保护维也纳世界博览会展品特别法》。此外，在维也纳博览会期间举行了一次国际专利大会。通过这种方式，奥地利能够利用前来参加展览的国家发挥推动作用，同时尽量减少荷兰等反对专利法的国家的影响。正是在维也纳专利大会上，与会国一致认为，现有的专利法对外国发明人的保护是不够的。维也纳大会的主要收获是各国认识到，需要消除专利的普遍地域限制，这个问题必须从孤立解决转变为通过共同的国际协议解决。① 1883年，在法国巴黎举行的外交会议上，来自巴西、法国、危地马拉、荷兰、葡萄牙、塞尔维亚、西班牙、瑞士、比利时、意大利

① Paris Convention of 1883 for the Protection of Industrial Property［EB/OL］.（2021-07-12）［2022-05-30］. https://abounaja.com/blogs/paris-convention-of-1883.

等国的代表通过了《巴黎公约》，这便是历史上第一部知识产权国际协定的由来。《巴黎公约》成员国同时成立了“国际保护工业产权联盟”，即“巴黎联盟”。

《伯尔尼公约》是历史上第一个管理著作权的国际协议，于1886年在瑞士首都伯尔尼签订，并由此而得名。在《伯尔尼公约》诞生之前，许多欧洲国家已经建立自己的著作权法规，但只适用于本国境内。19世纪，欧洲涌现出许多大文学家，他们创作的大量脍炙人口的作品流传到世界各国，但得不到外国的著作权保护。1878年，由法国大文豪雨果主持，各国在巴黎召开文学大会，建立了国际文学艺术协会。该协会受托起草了一份国际著作权保护条约的草案，并提交给瑞士政府。1886年9月，英国、法国、德国、意大利、比利时、西班牙等十国发起，在瑞士首都伯尔尼举行了关于著作权保护的外交会议，在国际文学艺术协会拟定草案的基础上，会议通过《伯尔尼公约》，各成员国成立了“国际保护文学艺术作品联盟”，即“伯尔尼联盟”。①

（二）《建立世界知识产权组织公约》的签订

“二战”逆转了全球化的步伐，但“二战”结束后，全球化又开始了新的阶段。在知识产权领域，知识产权国际保护也得到了进一步发展。1967年，“巴黎联盟”和“伯尔尼联盟”的51个成员国在瑞典首都斯德哥尔摩签订了《建立世界知识产权组织公约》，并于1970年正式生效。WIPO取代原“巴黎联盟”和“伯尔尼联盟”国际局，成为联合国系统下第十四个专门机构，②

---

① 陈新亮. 伯尔尼公约述略［J］. 现代法学，1992（3）：77－79.

② 蔡小鹏. 促进知识产权保护 加强国际合作交流 纪念《建立世界知识产权组织公约》签署30周年及中国与世界知识产权组织合作17周年［J］. 知识产权，1997（4）：35－39.

负责管理原“巴黎联盟”和“伯尔尼联盟”管理的各种知识产权国际条约。截至2022年6月，WIPO共有193个成员国，管理的知识产权条约多达26个。《建立世界知识产权组织公约》的签订和WIPO的成立，显示出“二战”后全球化进程大大推动了知识产权国际保护的发展。

（三）TRIPS 协定的达成

随着国际贸易的发展，知识产权在国际贸易中的作用越来越受到重视。20世纪80年代中期，美国、欧盟和日本等发达国家/地区对WIPO管理下的知识产权国际体系日益不满，拟将有关议题转移到关税与贸易总协定（General Agreement on Tariffs and Trade，GATT）框架内。① TRIPS协定于1994年GATT乌拉圭回合中达成，随着GATT被WTO所取代，TRIPS协定也由此成为WTO下的三大重要贸易协定之一。截至2022年6月，共有164个WTO成员签署了TRIPS协定。在美国等发达国家的主导下，TRIPS协定在知识产权保护水平上较以前的《巴黎公约》和《伯尔尼公约》有明显的提升。由于任何意欲加入WTO的成员都必须签署TRIPS协定，随着加入WTO的国家和地区越来越多，知识产权国际保护标准也因此水涨船高。可以说，TRIPS协定是随着WTO这一全球最大的自由贸易组织的形成，在全球化进入新阶段的背景下应运而生的，它也成为知识产权全球化治理进程中新的里程碑。

二、逆全球化思潮下知识产权全球治理面临的挑战

习近平总书记2015年10月12日在主持中共中央政治局第二十七次集体学习时提出，随着全球性挑战增多，加强全球治

---

① 薛虹. 十字路口的国际知识产权法［M］. 北京：法律出版社，2012：43.

理、推进全球治理体制变革已是大势所趋。党的十九届五中全会明确要求“积极参与全球经济治理体系改革”。2020 年 11 月 30 日，在中共中央政治局第二十五次集体学习时，习近平总书记进一步提出要“深度参与世界知识产权组织框架下的全球知识产权治理”。

全球治理思想最早可追溯到荷兰政治家、“国际法之父”格劳秀斯，以及英国哲学家、法学家边沁。他们主张通过国际条约和国际法律来约束国家间的行为和交往。现代意义上的全球治理理论则是由美国乔治华盛顿大学国际事务和政治科学教授詹姆斯·罗西瑙（James Rosenau）等学者最早提出，主张“治理不同于统治。治理的实现依靠的不是国家或政府的强制力，而是在共同的目标导向下，不同利益主体彼此协调支持的活动”，强调“治理包含政府和非政府两种主要机制”。[①] 1992 年，在时任德国总理勃兰特（Brandt）的倡议下，28 位国际知名人士共同发起成立了“全球治理委员会”（Commission on Global Governance），该委员会于 1995 年发表了《天涯成比邻》（*Our Global Neighborhood*）研究报告，提出治理是个人和机构（公共和私人）管理其共同事务的多种方式的总和。这是一个持续的过程，通过这个过程可以调和冲突或不同的利益，并可以采取合作行动。它包括有权强制执行合规性的正式机构和制度，以及人们和机构已同意或认为符合其利益的非正式安排。[②]

在全球治理理论在国际上兴起不久，国外一些学者在 20 世纪 90 年代就开始关注知识产权全球治理问题，主要涉及两个方面：一是知识产权全球治理体制或协调平台；二是知识产权国际

---

① 罗西瑙. 没有政府的治理［M］. 张胜军，刘小林，译. 南昌：江西人民出版社，2001：2.

② Our global neighborhood：the report of the commission on global governance［EB/OL］.［2023 – 12 – 22］. https：//www. gdrc. org/u – gov/global – neighbourhood/.

保护规则，尤其是保护水平。在逆全球化思潮兴起之后，其对于知识产权全球治理的影响也主要体现在知识产权国际立法机制和知识产权保护水平（国际规则的核心内容）这两个方面，这也正是本书研究的两大重点内容。

继英国脱欧之后，特朗普当选美国总统，宣布退出 TPP，并重议 NAFTA，甚至威胁要退出 WTO。在欧洲大陆，强烈抵制全球化的右翼政党在法、德等多国纷纷崛起，欧盟解体一度成为人们热议的话题。一场始料未及的逆全球化风潮正席卷而来，原本只是非主流存在的保护主义、民粹主义、孤立主义、保守主义思潮在全球迅速兴起并冲击着国际政治、经济格局，一向被视为“政治正确”的经济全球化正遭受有史以来最为严重的信任危机。受此影响，在国际经贸秩序中日显重要的知识产权国际规则也开始受到冲击。一方面，在 ACTA 因在欧美广受民众抵制而夭折之后，原本被发达国家寄望在“后 TRIPS”时期引领知识产权国际立法未来发展的区域性自贸协定知识产权条款，也随着 TPP 和《跨大西洋贸易与投资伙伴关系协定》（Transatlantic Trade and Investment Partnership，TTIP）的搁浅而失去风向标作用。另一方面，抵制在全球化进程中被不断强化的知识产权保护制度，本身就是逆全球化思潮的内容之一。当前，我国正积极推进“一带一路”倡议和“自由贸易区战略”，在 TPP 遇挫后，由中国参与和主导的 RCEP、亚太自贸区（Free Trade Area of the Asia – Pacific，FTAAP）的战略地位必然上升，而知识产权保护规则是其中不可或缺的重要内容。《中共中央关于全面推进依法治国若干重大问题的决定》提出，要积极参与国际规则制定，推动依法处理涉外经济、社会事务，增强我国在国际法律事务中的话语权和影响力。《国务院关于新形势下加快知识产权强国建设的若干意见》也提出，要推动知识产权国际规则向普惠包容、平衡有效的方向发展。为此，在知识产权保护制度日益走向国际化的今天，我们有必要分析和研判：这场逆全球化风潮将怎样发展，它又将如何影响知识产权国际规则的发展走向？TPP 中曾出现的知识产权高水平保护条款（“TRIPS 递增”条款）会就此消失，还是将换一种面目示人？面对逆全球化思潮的挑战，我国在多边、区域或双边等不同层次的知识产权谈判中应采取怎样的立场和策略，从而增强我国在知识产权国际规则制定中的话语权？

因此，面对逆全球化思潮对于知识产权全球治理的挑战，我们有必要重点从以下两方面展开研究。

第一，逆全球化思潮对知识产权国际立法机制的影响。需要研究在逆全球化思潮冲击下，知识产权国际立法机制的近期变化和未来发展。包括逆全球化思潮分别对多边机制（如 WTO、WIPO）、区域性和诸边机制（如 TPP、TTIP、RCEP 等区域性自由贸易协定，或 ACTA 等知识产权诸边协定）、双边机制（如美韩自由贸易协定、美新自由贸易协定、中韩自由贸易协定等）和单边机制（如美国“特别 301 调查”“337 调查”）的影响。重点沿两个方向展开：其一，研究发达国家在 TPP、TTIP、ACTA 搁浅后，将如何寻求新的机制推进被搁置的高水平知识产权新规则；其二，研究逆全球化背景下，中国等发展中国家主导的区域性自由贸易协定（如 RCEP）作用的提升及其对于知识产权国际协调的影响。

第二，逆全球化思潮对知识产权保护水平的影响。需要研究逆全球化思潮在知识产权保护问题上的主要诉求及影响，如盗版党运动、知识共享运动等。研究发达国家内部政府、非政府组织（Non - Governmental Organization，NGO）、不同类型私人集团、社会公众等不同群体对于知识产权强保护的态度及各自所发挥的作用，以及最终对于知识产权国际规则的影响。重点围绕药品专利保护、网络版权保护、网络用户隐私等争议焦点，研究各种社会力量如何影响立法进程以及各种影响作用的消长；研究逆全球化下各种区域性或双边贸易协定中的知识产权条款对知识产权保护标准的影响，以及各种贸易保护主义和单边主义做法对知识产权保护水平的影响。如美国“特别 301 调查”“337 调查”以及欧洲国家的知识产权边境执法可能进一步强化，这将对国际知识产权保护水平产生直接影响。

第二章　逆全球化思潮对知识产权国际立法机制的影响

知识产权国际立法机制的形成与发展和国际经济贸易、全球化进程等因素息息相关。19 世纪末，国际贸易不断扩大，知识产品的国际性需求和国际市场开始出现，客观上来说，需要给予知识产权一定的国际保护。但由于知识产权保护具有地域性，且该特征因各国不会轻易放弃主权而难以消失，任何人想要在他国获得同等的知识产权保护是十分困难的，这就可能阻碍国际贸易以及经济全球化的发展。因此，国际社会试图通过国际协调的方式来解决两者之间的矛盾，即各缔约方通过协商缔结双边或多边国际条约，形成相对一致的知识产权规则。《巴黎公约》与《伯尔尼公约》就是在这样的背景下产生的。① 随着经济全球化的进一步发展，知识产权的国际保护也得到了更多的重视。在此情况下，WIPO 于 1970 年应运而生，在 WIPO 的积极推动下，各国之间签订了多个知识产权保护的国际条约。1986 年，与贸易有关的知识产权议题被纳入 GATT，各国据此达成了包括 TRIPS 协定在内的“一揽子协议”，同时宣布建立 WTO。至此，国际上就形

① 林思颖．《全面与进步跨太平洋伙伴关系协定》知识产权条款研究［D］．武汉：中南财经政法大学，2020.

成了以 TRIPS 协定为核心，由《巴黎公约》和《伯尔尼公约》等国际条约共同构建的知识产权多边立法机制。

然而，近些年，英国脱欧，欧盟右翼政党崛起，特朗普政府单方面发动对华贸易战、科技战等一系列举动均导致逆全球化思潮的不断扩散。新冠疫情、俄乌冲突等突发性国际事件也使得全球化进程雪上加霜。此种情形下，与国际贸易、全球化进程息息相关的知识产权国际保护机制也饱受冲击。从知识产权国际立法机制上看，逆全球化思潮使原有的知识产权多边立法机制奄奄一息，WIPO 以及 WTO 等多边组织不仅不能维持自身权威，更无法及时、有效地协调发达国家与发展中国家关于知识产权保护的不同诉求。因此，多边立法谈判停滞不前，新冠疫苗专利豁免历尽艰难才得以达成，发达国家和发展中国家的行动步伐愈加难以统一，WIPO和 WTO 框架下的多边立法机制也在国际知识产权规则的制定、管理和执行方面发挥的作用大不如前。

因此，各国逐步转向区域化立法，积极推动区域化条约的签订。同时，由于逆全球化思潮愈演愈烈，单边主义和保护主义进一步抬头，以美国为首的发达国家不断推行单边主义和贸易保护主义的政策和手段，致使知识产权国际保护格局逐步区域化、碎片化。

第一节　对知识产权多边立法机制形成冲击

目前，知识产权多边立法机制主要是由 WTO 下的 TRIPS 协定以及 WIPO 所管理的《巴黎公约》《伯尔尼公约》等多边知识产权国际公约所共同构建的。此机制能够在一定程度上保障知识产品的跨国流动，促进国际经济贸易往来和全球化进程。然而，由于逆全球化思潮肆起，WIPO 及 WTO 框架下的知识产权多边立法机制均受到了一定程度的冲击。一方面，在逆全球化思潮下，以美国为首的发达国家转而强调单边保护主义，蔑视多边立法规则，多次阻碍 WIPO 和 WTO 的正常运转，甚至威胁退出 WTO 等多边机构。另一方面，在逆全球化思潮下，发达国家与发展中国家均更加重视自身的利益需求。因此，WIPO 以及 WTO 框架下的诸多知识产权多边立法谈判难以达成一致，现仍处于停滞不前的状态。此外，新冠疫情、俄乌冲突等国际突发性事件也给现行知识产权多边立法机制带来了沉重一击。目前，WIPO、WTO 等多边机构均无法有效发挥知识产权国际协调作用，导致知识产权多边立法机制也深陷困境。①

一、现行知识产权多边立法机制的形成与发展

（一）巴黎联盟和伯尔尼联盟时期

在十八、十九世纪的欧洲，一些国家大多以签订双边协定的形式来协调国家间的知识产权保护问题，但由于双边协定谈判成本大，且不同的双边协定设定的知识产权保护标准不一，就可能出现一国内针对不同国家的知识产品适用的保护标准差别极大的情况，不利于统一市场的形成。因此，建立多边知识产权条约成为各国的共同诉求。《巴黎公约》与《伯尔尼公约》就是在这样的背景下产生的，且两个公约生效后形成了巴黎联盟和伯尔尼联盟，并分别设有执行机构，这标志着知识产权国际保护进入多边条约时代，国际保护制度也初步形成。1893 年，上述两个执行机构合并，定名为“保护知识产权联合国际局”（United International Bureaux for the Protection of Intellectual Property，BIRPI），BIRPI 的形成标志着知识产权的国际协调，一开始就朝着整体化

① 孙皓琛. WTO 与 WIPO：TRIPS 协议框架中的冲突性因素与合作契机之探讨［J］. 比较法研究，2002（2）：91－101.

和全面化方向发展。①

受20世纪30年代末“二战”的影响，国际贸易严重受阻，知识产权国际保护步调亦相应放缓。② 战后西方工业国家摆脱经济困难，随着GATT的签订和国际货币基金组织（International Monetary Fund，IMF）的成立，世界经贸秩序进入新的时期，知识产权国际保护制度也相应地得到了恢复和发展。在此时期缔结的知识产权国际多边条约也越来越多③，并被更多国家所接受。

（二）WIPO时期

20世纪下半叶，第三次科技革命促使国际经贸交往日益频繁的同时，科学技术也得到大幅提高，新的学术与科技思潮不断涌现，国际贸易中的技术含量成倍增长，知识产权的国际保护也得到了更多的重视。与此同时，BIRPI自身的局限性也逐渐开始暴露④，基于内外因素的共同作用，1970年WIPO应运而生，并设立“知识产权国际局”取代BIRPI。1974年，WIPO成为联合国的专门机构之一。1980年6月，中国加入WIPO。截至2023年12月，WIPO共有193个成员国。⑤

WIPO的成立，意味着国际社会有了统一的国际组织来对知识产权国际保护问题进行讨论，并对各成员国间的知识产权矛盾

---

① 张乃根．国际贸易的知识产权法：第二版［M］．上海：复旦大学出版社，2007：54．

② 仅有少数国际条约缔结，如《工业品外观设计国际保存海牙协定》（1925）。

③ 如《商标注册用商品与服务国际分类尼斯协定》（1957）、《保护原产地名称及其国际注册里斯本协议》（1958）、《世界版权公约（UCC）》（1952）、《保护表演者、唱片制作者和广播组织罗马条约》（1961）等。

④ 张猛．知识产权国际保护的体制转换及其推进策略：多边体制、双边体制、复边体制［J］．知识产权，2012（10）：81．

⑤ 世界知识产权组织官网［EB/OL］．［2023－12－08］．https：//www.wipo.int/members/en/．

进行协调，知识产权国际保护制度也进入了新的发展阶段。在该组织的主持下，成员国制定并签署了多个国际多边条约，① 进一步推动知识产权立法一体化进程。此外，WIPO 还特别关注发展中国家的知识产权保护，通过法律援助、制定和修改相关国际条约的方式，② 帮助发展中国家改善国内相关立法，逐步缩小各国知识产权保护水平的差异。③

（三）WTO 时期

20 世纪 80 年代以来，“由技术、信息和智能构成的‘软技术’，已成为国际贸易中的独立贸易商品”，④ “世界经济从此步入了知识经济时代”，⑤ 导致与知识产权有关的贸易额大幅提升。与此同时，假冒和盗版等侵权现象频发，损害了知识产权比较优势国家的经济利益。虽然知识产权保护体系已在各国国内和国际上普遍建立起来，但还存在以下不足：第一，发展中国家知识产权保护制度仍不健全，保护水平较低；第二，WIPO 管理的许多知识产权国际条约的缔约国数量太少，且多侧重于立法而忽视执法，在出现纠纷时也缺乏有效的争端解决机制。因此，以美国为首的发达国家认为其知识产权在 WIPO 体制下没有得到充分的保障，严重阻碍其国际经贸活动。虽然发达国家也尝试通过修订《巴黎公约》等国际条约来弥补缺陷，但由于与发展中国家立场

---

① 如《专利合作条约（PCT）》（1970）、《发送卫星传输节目信号布鲁塞尔公约》（1974）、《集成电路知识产权条约》（1989）、《商标国际注册马德里协定有关议定书》（1989）等。

② 如为发展中国家制定了《突尼斯样板版权法》（1976），修订了《发展中国家保护发明示范法》（1974）。

③ 林思颖.《全面与进步跨太平洋伙伴关系协定》知识产权条款研究［D］. 武汉：中南财经政法大学，2020.

④ 薛荣久. 八十年代以来国际贸易发展的重大趋势［J］. 对外经济贸易大学学报，1991（2）：10.

⑤ 曲三强. 知识产权保护的国际化趋势［J］. 法治研究，2010（4）：29.

分歧过大，而数量众多的发展中国家占据着大多数投票权，导致发达国家通过修订现有国际条约以提高知识产权保护水平的目的无法实现。在此背景下，鉴于知识产权保护在国际贸易中的地位愈加突出，知识产权国际保护制度与国际贸易规则分别由不同组织负责协调的传统模式开始不适应时代发展的需求。于是，美国将目光投向了 GATT，认为其不受联合国运行机制和规则的约束，发达国家将会掌握谈判的主导权。因此，美国联合日本、欧盟和加拿大等盟友，将与贸易有关的知识产权议题纳入 GATT 第八轮（即“乌拉圭回合”）多边贸易谈判议程，并成功达成包括 TRIPS 协定在内的“一揽子协议”，同时宣布建立 WTO。

TRIPS 协定的达成，将知识产权保护问题引入了国际贸易领域，使之成为国际贸易体制的组成部分。TRIPS 协定为成员设立了知识产权保护的最低标准，将 GATT 和 WTO 中关于有形货物贸易的规则延伸到知识产权领域，并引入 WTO 争端解决机制，强化了知识产权执法，极大地提高了知识产权保护水平。

至此，知识产权国际保护制度是以《巴黎公约》《伯尔尼公约》、TRIPS 协定等国际条约为基本形式，WIPO、WTO 等国际组织为协调各国知识产权制度的机构，在知识产权领域形成了国际性的法律规范与秩序。①

二、WIPO 框架下的知识产权多边立法机制面临困境

WIPO 成立于 1970 年，其主要宗旨就是通过国家间的合作以及与其他有关国际组织间的协作来促进知识产权跨国保护，同时其还需保证各知识产权条约所建立的联盟之间的行政合作。然而，由于霸权主义、单边主义的兴起，作为知识产权多边保护机制重要组成机构之一的 WIPO 已经越来越难以发挥原本的知识产

① 林思颖.《全面与进步跨太平洋伙伴关系协定》知识产权条款研究［D］. 武汉：中南财经政法大学，2020.

权保护和协调功能，甚至还经常受到个别发达国家的不正当阻碍，从以下两个事例可见一斑：一是自2000年11月开始谈判，WIPO至今未能达成《实体专利法条约》（Substantive Patent Law Treaty，SPLT）；二是2020年发生的WIPO换届选举风波。

（一）分歧难以调和，SPLT谈判停滞不前

由于各国知识产权发展水平不一，因而不同国家的专利相关立法存在较大差异，为了做好专利国际保护的协调工作，WIPO于2000年启动了SPLT的拟订和讨论工作，试图在专利的新颖性、说明公开、权利要求书及审批程序上形成统一标准，以协调各国专利法中关于授予专利权的实质性标准。[①] 在制定SPLT的初期，WIPO专利法常设委员会（SCP）保持着非常积极乐观的态度，认为该项工作可以在4年左右完成。[②] 然而，实际情况很不理想，SPLT的走向至今仍不明朗。

2000年11月，SPLT谈判工作正式开启，并在SCP第四次会议上确定了讨论的基本议题。各方对基本议题进行了深入的交流，并形成了一些初步的共识，但是进一步推进该议题的探讨却面临重重阻碍。阻碍主要来自发达国家成员与广大发展中国家成员之间的分歧，具体涉及的内容为公共政策与专利保护之间的关系问题。结果，SPLT遭到了众多发展中国家成员的联合抵制，SPLT的谈判停滞不前。直到2008年6月，一度被中断的SPLT讨论工作才重新启动，然而此次的商议范围已经扩大到了更广泛的议题。2010年6月，在SCP第十五次会议上，提出的议题已经包括了与专利管理相关的一系列实体问题，各成员国虽积极协

---

① 林思颖.《全面与进步跨太平洋伙伴关系协定》知识产权条款研究［D］. 武汉：中南财经政法大学，2020.

② Report of Standing Committee on the Law of Patents［EB/OL］.（2000-11-06）［2023-12-25］. https://www.wipo.int/edocs/mdocs/scp/en/scp_4/scp_4_6.pdf.

商，但若要达成统一共识，还有一段很长的路要走。①

从本质上来说，影响 SPLT 草案制定进程的主要因素是发达国家和发展中国家在专利保护水平上的差异，这也决定了各国参与谈判的不同目的。发达国家积极推动 SPLT 的制定是为了能够更好地保护本国的专利技术和专利产品，以维护国家利益。然而，发展中国家却试图借助 SPLT 谈判满足自身需求，以保住 TRIPS 协定留给发展中国家的一些回旋空间，最大限度地维护自身发展利益。有专家认为，由于逆全球化影响下发展中国家和发达国家在谈判目的和初衷上存在矛盾，加之多边协调机制失灵，导致了 SPLT 谈判最终难以顺利推动。②

（二）美国频频施压，WIPO 选举被政治化

2020 年 3 月 4 日至 3 月 5 日，由于 WIPO 原总干事弗朗西斯·高锐即将退休，总干事的换届选举在 WIPO 总部日内瓦举行。WIPO 投票选出了 5 位候选人，其中包括来自中国的王彬颖，王彬颖原任 WIPO 副总干事，在 WIPO 有着近 30 年的丰富工作经历。然而，美国在这次选举中却不遗余力地抹黑中国，甚至宣称若中国候选人当选，则是一件荒谬的事情。美国前总统国家安全事务助理博尔顿更是在推特上叫嚣："如中国不能在新冠病毒这样关键的问题上保持透明，我们当然不能相信他们能保护美国的创新。这就是为什么中国（候选人）不能成为 WIPO 总干事的原因。"不仅如此，美国还向一些国家施压，逼迫它们放弃对中国候选人的支持，甚至以停止援助等不光彩手段进行威胁，企图把专业性极强的国际组织选举搞成政治闹剧，竭力扶持美国的傀儡

---

① 彭玉勇. 论世界专利［J］. 知识产权，2012（5）：74－79.

② 何越峰.《实体专利法条约》谈判历程及趋向评析［C］//国家知识产权局条法司. 专利法研究（2005）. 北京：知识产权出版社，2006：392－410.

和代言人。①

事实上，在奥巴马总统在任期间，美国就开始动用各种力量遏制发展中国家的发展，阻碍发展中国家在 WIPO 会议上发声，以确保美国在该组织的领导地位。② 此次，美国污蔑中国以及中方候选人，阻碍 WIPO 换届选举的正常进行更是将单边主义、霸权主义表现得淋漓尽致。可见，在逆全球化的影响下，WIPO 不仅难以发挥多边协调作用，充分解决知识产权跨国保护问题，甚至难以维持自身稳定和权威。

三、WTO 框架下的知识产权多边立法机制遭遇破坏

TRIPS 协定不仅是 WTO 法律框架中最为重要的协议之一，而且也是知识产权国际保护体系中涵盖面最广、总体保护标准最高的知识产权条约。③ TRIPS 协定引入了 WTO 争端解决机制，强化了知识产权执法，极大地提高了知识产权保护水平。WTO 所享有的职能也远远超过了 WIPO 中的职能设定，因此，从某种程度上讲，TRIPS 协定的签订完成也标志着一个新的多边立法机制框架的形成。④ 然而，一方面，由于逆全球化思潮的兴起，以美国为首的发达国家过分强调自身利益，罔顾现有的多边立法讨论框架，导致不同国家或者经济体成员之间的矛盾不断升级，多哈回合陷入僵局，知识产权议题谈判也停滞不前。另一方面，美国借机威胁退出 WTO，并不断阻挠争端解决机制的正常运转，导

---

① 林松添. 冷战思维已经过时，搞 WIPO 竞选政治化不得人心［EB/OL］.（2020-03-04）［2022-05-31］. https：//mp. weixin. qq. com/s/nzaNAypH09DytAJV0LtfAg.

② 易继明. 后疫情时代"再全球化"进程中的知识产权博弈［J］. 环球法律评论，2020，42（5）：163-177.

③ 林思颖.《全面与进步跨太平洋伙伴关系协定》知识产权条款研究［D］. 武汉：中南财经政法大学，2020.

④ 孙皓琛. WTO 与 WIPO：TRIPS 协议框架中的冲突性因素与合作契机之探讨［J］. 比较法研究，2002（2）：91-101.

致 WTO 面临“瘫痪”。此外，在新冠疫情肆虐全球、俄乌冲突不断加剧的时代背景下，WTO 以及 TRIPS 协定在逆全球化的冲击下无法正常发挥知识产权国际保护的协调作用，在新冠疫情的危急关头，有关新冠疫苗的知识产权豁免问题也难以及时达成一致。

（一）多哈回合陷入僵局，知识产权议题难获进展

多哈回合贸易谈判是 WTO 于 2001 年 11 月在卡塔尔首都多哈举行的第四次部长级会议中开始的新一轮多边贸易谈判，其目标是削减全球贸易壁垒，促进全球经贸的增长，涵盖的议题包括：农业、非农产品市场准入、知识产权、争端解决、贸易与环境等问题。[①] 多哈回合原定于 2005 年 1 月 1 日前全面结束谈判，然而 2008 年该谈判破裂，之后曾多次尝试恢复谈判，但均未能成功。2011 年年末，被称作多哈回合“最后机遇”的 WTO 第八次部长会议落幕，各方争取在 2011 年结束多哈回合谈判的计划再次宣告失败。虽然在 2013 年 12 月通过了《巴厘部长宣言》，达成了“巴厘一揽子协定”，包括贸易便利化、农业补贴等规定，但这仅是多哈回合谈判的一小部分。[②] 截至目前，多哈回合谈判的未来仍不确定。

从根本上来说，多哈回合之所以僵持不下，缘于 WTO 成员发展水平的差异、利益取向的多元化以及谈判议题过于宽泛。随着越来越多的发展中国家加入 WTO，并结成各种错综复杂的利益集团，各方达成一致的难度较之 GATT 乌拉圭回合大得多。由于发达国家与发展中国家成员在农业和非农产品市场准入这两个首要议题上存在巨大分歧，一直僵持不下，导致知识产权等其他议题的谈判也难以取得进展。多哈回合谈判知识产权议题的焦点

---

① 林思颖.《全面与进步跨太平洋伙伴关系协定》知识产权条款研究［D］. 武汉：中南财经政法大学，2020.

② 林思颖.《全面与进步跨太平洋伙伴关系协定》知识产权条款研究［D］. 武汉：中南财经政法大学，2020.

主要涉及两个方面：一是 TRIPS 协定与《生物多样性公约》的关系；二是地理标志。在 TRIPS 协定和《生物多样性公约》的关系方面，以巴西、印度为代表的发展中国家成员希望修订 TRIPS 协定，主张对于利用了遗传资源和传统知识的专利申请，申请人应当标明其来源，并提供获得事先知情同意和惠益公平分享的证明。但是，对于这一问题，欧盟提议公开遗传资源来源的要求宜在专利法之外予以规定，而美国则主张通过国内立法或合同安排来解决。在地理标志保护方面，主要包括两个问题：一是葡萄酒和烈酒地理标志多边通报与注册体系；二是延伸保护。对于前者，主要是以欧盟为首的 109 个成员（包括中国）与以美国为首的 20 个成员围绕三套方案争执不下。对于延伸保护，欧盟和中国等 109 个成员主张将地理标志的高水平保护从葡萄酒和烈酒延伸至其他地理标志，而美国等 16 个成员则反对将延伸保护纳入谈判议题。然而，上述两项议题其实并非知识产权领域最富挑战性的焦点问题，为了不给本已困难重重的多哈回合增添新的麻烦，争议更大的知识产权执法等议题并未摆上桌面。WTO 多哈回合僵局不破，各方在 TRIPS 协定框架下的知识产权议题都将难有斩获。

（二）美国藐视多边规则，争端解决机制难以维系

在 WTO 成立以前，知识产权的国际保护只能依赖于 WIPO 体系下的一系列知识产权国际条约，并且没有强有力的争端解决机制作为条约监督执行的保障，无法满足发达国家对于知识产权国际保护的需求。为此，以美国为首的发达国家将目光投向了 GATT，并将与贸易有关的知识产权议题纳入乌拉圭回合多边贸易谈判议程，成功达成了包括 TRIPS 协定在内的“一揽子协议”，同时宣布建立 WTO，并主导建立了争端解决机构。[①] 美国

① 林思颖.《全面与进步跨太平洋伙伴关系协定》知识产权条款研究［D］. 武汉：中南财经政法大学，2020.

甚至将该争端解决机构视为实现其自由贸易的有效保障。[①] 经过长达二十多年的运转，WTO 争端解决机构经验证是一个高效且具有强制力的裁决机制，其作出的案件裁决也在潜移默化中推动着国际贸易法治及各国经贸体制趋于透明、公正、合理。然而，这一争端解决机制如今却处于“瘫痪”状态。

究其原因，逆全球化思潮是重要影响因素之一。在逆全球化思潮下，以美国为首的发达国家贸易保护主义倾向愈加明显，尤其是在特朗普担任总统期间，美国甚至曾大张旗鼓地宣扬其是多边机制下的受害者。[②] 除此之外，WTO 的各成员通过争端解决机制对美国提出的大量诉讼也导致了美国的不满，使得美国原本试图通过多边机制来维护其贸易利益的意图进一步减弱。因此，美国政府开始阻碍 WTO 争端解决机制的维系，其在两年时间内动用 29 次“一票否决权”，直接导致了 WTO 上诉机构成员选任程序的“瘫痪”。具体来说，WTO 争端解决机构由上诉机构成员组成，一般设有 7 个法官席位。经过遴选产生的法官，一届任期为 4 年，可以连任一届。且 WTO 规定，任何一起贸易争端案件须由 3 名法官联合审理并作出裁决。然而，由于美国拒绝大法官连任并且阻碍新成员的遴选，截至 2019 年 12 月，WTO 上诉机构的法官人数从 7 人减少至 1 人。上诉机构由于法官人数不足而无法受理任何新的案件，彻底陷入“停摆”状态。2020 年 3 月，为破解 WTO 争端解决机构所面临的危机，中国、欧盟等 19 个 WTO 成员发布部长声明，决定建立“多方临时上诉仲裁安排”。该安排将在 WTO 上诉机构停摆期间审理各参加方提起上诉的争

---

① 昝琪，方友熙．WTO 争端解决机制危机下中国的应对研究［J］．全国流通经济，2019（8）：24－26．

② 昝琪，方友熙．WTO 争端解决机制危机下中国的应对研究［J］．全国流通经济，2019（8）：24－26．

端案件。[①] 但是，多方临时上诉仲裁安排并非长久之举，其只是上诉机构停摆期间的一种临时措施和过渡机制。目前，WTO 争议解决机制仍处于“失灵”状态，国际贸易及知识产权的多边机制依旧面临着巨大的挑战。

（三）美俄威胁退出 WTO，多边协作体制信任崩塌

在知识产权领域，WTO 框架下的知识产权保护机制与国家贸易治理架构是现行多边立法机制的重要组成部分，而美国作为该秩序的首创者和主导者却认为，随着发展中国家的崛起和强大，现有 WTO 框架下的国际治理规则威胁到了其既有利益。在特朗普政府期间，特朗普总统就多次公开批评 WTO“对美国不公”，并声称要退出 WTO。2020 年 5 月至 8 月，美国两党分别提出了退出 WTO 的提案。虽然此前民主党倾向于利用多边机制来实现国际治理，但是在涉及美国切身利益时，两党保持了一致态度。[②] 2020 年 5 月 7 日，参议员霍利（Josh Hawley）提出议案，认为美国不应当再继续支持 WTO。[③] 5 月 12 日，议员德法齐奥（Peter DeFazio）和帕罗纳（Frank Pallone）提出，在新冠疫情对全球就业形势造成巨大冲击的情况下，美国应当退出 WTO 以保证国内产业的稳定发展和国内就业的有序进行。[④] 虽然美国最终

---

① 2020 年 4 月 30 日，包括中国、欧盟在内的 19 个 WTO 成员正式向 WTO 提交通知，呼吁依据《关于争端解决规则与程序的谅解》（Dispute Settlement Understanding，DSU）第 25 条建立《多方临时上诉仲裁安排》（MPIA），以暂时替代为美国所阻挠而陷入停摆的原上诉机构。经过多轮磋商，19 个成员遴选出 10 个仲裁员的名单，并于 2020 年 7 月 31 日正式确认，并在当年 8 月 3 日公布。

② 任琳. 后疫情时代的全球治理秩序与中国应对［J］. 国际问题研究，2021（1）：112 – 123.

③ S. J. Res. 71 – A Joint Resolution Withdrawing Approval of the Agreement Establishing the World Trade Organization［EB/OL］.（2020 – 05 – 07）［2020 – 07 – 21］. https：//www. congress. gov/bill/116th – congress/senate – joint – resolution/71.

④ H. J. Res. 89 – A Joint Resolution Withdrawing Approval of the Agreement Establishing the World Trade Organization［EB/OL］.（2020 – 05 – 12）［2020 – 07 – 21］. https：//www. congress. gov/bill/116th – congress/house – joint – resolution/89.

是否退出 WTO 还不得而知，但是美国作为世界第一大经济体，也是全球贸易体系变革中的重要参与者和主导者，其宣称退出 WTO 的举动无疑进一步动摇了现有多边立法机制的稳定性，破坏了多方合作互助的信任，使得知识产权国际多边协作体制面临不小的危机。

此外，自俄乌冲突发生以来，以美国为首的西方国家和俄罗斯开启了制裁与反制裁的多轮经济、贸易攻势。在此背景下，俄罗斯也拟申请退出 WTO。俄方立法网站显示，2022 年 5 月 16 日，有关委员会已经决定向国家杜马委员会提交退出 WTO 的法律草案。[①] 2012 年，俄罗斯历经 19 年的艰苦谈判加入 WTO，如今却选择退出，一方面是对西方国家联合制裁的“自卫反击”，另一方面则缘于对 WTO 等多边机制的失望。[②] 从俄乌冲突爆发以来，美国与欧盟、英国、日本等盟友联合起来，不断剥夺俄罗斯在 WTO 中的话语权和救济权。此外，以美国为首的西方国家还利用 WTO 框架下的知识产权和贸易政策对俄罗斯施加压力，提出要取消俄罗斯的最惠国待遇、中止俄罗斯在 WTO 的成员地位，甚至试图要将俄罗斯从 WTO 中除名。[③] 但是，作为知识产权多边立法机制重要组成部分的 WTO 却并未对相关国家的知识产权制裁表明任何态度，而 WIPO 在欧洲专利局、美国专利商标局对俄罗斯采取了制裁后，也仅仅只是发出“立即停止敌对，和平必胜”的呼声，迟迟没有采取具体的解决措施。由于 WTO 等多边立法机构不能及时解决国际纠纷与冲突，作为 WTO 成员之一的俄罗斯不仅无法主张自身权益，而且可能因其成员身份而受

---

① 信息来源：https：//sozd. duma. gov. ru/bill/91393 – 8#bh_hron，最后访问日期：2022 – 06 – 08.

② 倪月菊. 俄若退出 WTO，会有哪些后续动作？[EB/OL]. (2022 – 05 – 23) [2022 – 05 – 31]. https：//mp. weixin. qq. com/s/QKtOR1cy2 – Hs_o – BxDdIeA.

③ 易小准，李晓，盛斌，等. 俄乌冲突对国际经贸格局的影响 [J]. 国际经济评论，2022 (3)：4，9 – 37.

到西方国家进一步的制裁和打压。因此，对于俄罗斯来说，其更希望退出 WTO。虽然此举可能只是战争状态下的特殊选择，但毋庸置疑，俄罗斯的退出也将会进一步冲击知识产权多边协作机制的稳定性。

（四）新冠疫情肆虐全球，专利豁免谈判举步维艰

逆全球化思潮对知识产权多边立法机制产生的冲击，在新冠疫情的特殊期间更加凸显。这主要体现为，在现有解决知识产权问题的多边讨论机制下，发达国家和发展中国家的行动步伐愈加难以统一，导致国际组织和条约在其知识产权规则的制定和管理方面发挥的协调作用大不如前。例如，在 WTO 框架下讨论新冠疫苗和相关药品的知识产权豁免问题时不能及时得出解决方案。

2020 年 1 月 30 日，WHO 宣布将新冠疫情列为“国际关注的突发公共卫生事件”。这是 WHO 对于传染病采取的最高级别应急机制，根据国际条例的规定，各国都有责任和义务对突发的公共事件及时作出反应。在知识产权领域，与公共健康有关的国际多边规范可以明确见诸 TRIPS 协定中第 8 条的原则性规定，① TRIPS 协定采用保护公共健康的必要措施作为与知识产权相关的立法和执法原则，使得与公共健康相关的知识产权国际法问题进入人们视野。② 医药专利保护制度对维护公共健康至关重要，但是作为私权的医药专利权与作为人权的公共健康权之间存在根源性的冲突，这实则也是发达国家医药企业的经济利益与全人类的健康权益之间的矛盾，这种冲突和矛盾在新冠疫情这种重大公共卫生事件中表现得尤为明显。

2020 年 10 月 2 日，在新冠疫情肆虐全球的特殊时期，为了

---

① TRIPS 第 8 条第 1 款：在制订或修改其法律和规章时，各成员可采取必要措施来保护公共健康和营养，促进对其社会经济和技术发展至关重要部门的公共利益，只要这些措施符合本协定的规定。

② 张乃根．公共健康相关知识产权的国际法问题［J］．知识产权，2020（11）：3－15．

有效应对新冠疫情，印度与南非共同向 WTO 公开递交了一份提案。提案提出，鉴于目前新冠疫情的全球紧急状况，WTO 成员必须共同努力，确保专利、工业品外观设计、版权和未披露信息等知识产权不会对及时获得负担得起的新冠肺炎医疗产品的研究、开发、制造和供应造成障碍。为此，建议知识产权理事会尽早向 WTO 总理事会提议，寻求对上述相关知识产权予以豁免。两个国家在提案中表达了对于新冠肺炎大暴发的担忧，并且认为新冠疫情的暴发加剧了全球对医药物资的需求，很多国家和地区都面临着严重的医药物资短缺。而且当前的全球危机持续的时间越长，疫情造成的社会经济后果就愈加严重，因此必须推动国际合作以迅速遏制疫情。① 该提案公布后，立即得到了 100 多个国家（主要是发展中国家成员）的支持，超过 60 个国家表示愿意作为共同发起人加入其中。此后，虽然以 WTO 为代表的国际组织一直在积极推动发达国家与发展中国家在新冠专利权豁免问题上的对话，但是关于豁免专利的谈判却一度陷入了僵局。基于 WTO 多边立法机制安排下的疫苗专利谈判进程并不顺利，各成员在不同的豁免观点和方法之间的分歧难以调和。② 2021 年 10 月 4 日，在 TRIPS 非正式会议上，TRIPS 委员会主席、挪威驻 WTO 大使索尔里一针见血地指出，WTO 会议目前已经不是一个明显趋同或在短期内能寻求基于共识的解决方案的地方。③ 2022 年 6 月 18 日，在多方的共同努力下，WTO 第十二届部长级会议

---

① 印度和南非请求 WTO 有时限豁免 TRIPS 部分条款［EB/OL］.（2020－10－09）［2022－05－31］. http://ipr.mofcom.gov.cn/article/yphq/202010/1955709.html.

② 冯迪凡. WTO 重启疫苗专利豁免谈判 欧盟强力反对［N］. 第一财经日报，2021－09－16（A05）.

③ 冯迪凡. 疫苗专利豁免、解除贸易限制 WTO 部长会议期待什么成果［N］. 第一财经日报，2021－10－14（A05）.

终于达成了关于新冠疫苗知识产权豁免的协议。[①] 不过，此时新冠疫情在全球已接近尾声，新冠疫苗已出现供过于求的状况。虽然有关新冠疫苗的知识产权豁免谈判现已达成部长决定，但是从此次谈判的艰难程度可以窥见现有多边立法机制遇到的困境，即WTO框架下的多边立法机制已经很难发挥其原本的协调作用。新冠疫情的出现无疑也进一步放大了逆全球化思潮带来的影响，激化了不同利益主体之间的矛盾。具体在新冠疫苗专利豁免这一问题上，持反对意见的主要是部分发达国家与几乎所有跨国药企，他们认为一旦实施了新冠疫苗豁免的方案，便会大幅度地损害其商业利益和创新。而且相比于发展中国家，发达国家也更有能力做好疫情防控工作，一方面，发达国家本身具有更强的经济基础和研发技术，已经掌握了大量的新冠疫苗和相关药品专利；另一方面，发达国家也可以凭借其雄厚的经济实力来购买大型药企的药品。而发展中国家和不发达国家在疫情防控能力上存在“先天不足”，在新冠肺炎传染病大流行期间，这些国家和地区医药物资紧缺，人口密度大，单凭其自身能力根本无法应对来势汹汹的新冠疫情。[②] 然而，在此境况下，部分发达国家还只顾自身利益和诉求，罔顾发展中国家的需求和困境，一度逃避和推迟对TRIPS豁免提案的任何建设性参与，不顾国际规则和合作秩序，使得多边协作机制陷入僵局。

（五）俄乌冲突矛盾加剧，WTO逐步沦为贸易制裁工具

2022年2月底，俄罗斯称因自身安全无法得到保障，对乌克兰发起军事行动，俄乌冲突由此爆发。在此次冲突中，以美国

---

① RNA论坛. 新冠疫苗知识产权终豁免！中国企业可以使用mRNA技术专利，无需征得同意［EB/OL］.（2020－06－18）［2022－06－20］. https：//https：//mp. weixin. qq. com/s/B1YVJtD97ACAe23VvuUrZg.

② 熊琦，张文窈. 疫情应对中的知识产权保护取舍［J］. 法治研究，2022（1）：63－73.

为首的西方国家和俄罗斯双方对知识产权制裁措施的随意运用也动摇了现行知识产权治理体系的全球性和稳定性。美国代表甚至公开声明，为了维护自身的价值观，其可能会选择牺牲现有的多边贸易机制。[①] 此外，在俄乌冲突的影响下，WTO 已经偏离设立初衷，美国试图进一步借势将 WTO 转换成“价值观贸易组织”。美国此举一旦成功，WTO 将会成为“西方民主价值观”的推手，帮助美国达到裹挟 WTO 框架下的多边机制改革来讨伐和制裁其他国家的最终目的。[②] 综上也可以看出，在逆全球化思潮和俄乌冲突的冲击下，WTO 等知识产权多边立法机构难以维持自身地位，逐渐沦为发达国家重申自身利益的工具。

第二节　由多边向区域化、双边化发展

由于逆全球化思潮对国际秩序的冲击，WIPO 及 WTO 等多边组织框架下的知识产权立法机制惨遭破坏，已然无法满足复杂国际环境中的知识产权跨国保护需求。因此，发达国家与发展中国家纷纷选择体制转换的策略来保障自身利益的最大化。发达国家则试图绕过既有的 WIPO 和 WTO 等多边机制，转向双边或区域贸易协定、知识产权协定、投资协定等形式来实现其知识产权高水平保护的诉求，而发展中国家也不得不抱团取暖，纷纷加入各种新的区域性或双边协定。[③④] 在此背景下，CPTPP、RCEP、

① 易小准，李晓，盛斌，等．俄乌冲突对国际经贸格局的影响［J］．国际经济评论，2022（3）：9－37.

② 倪月菊．俄若退出 WTO，会有哪些后续动作［N］．环球时报，2022－05－20.

③ 詹映．国际贸易体制区域化背景下知识产权国际立法新动向［J］．国际经贸探索，2016，32（4）：99－112.

④ 林思颖．《全面与进步跨太平洋伙伴关系协定》知识产权条款研究［D］．武汉：中南财经政法大学，2020.

《美国－墨西哥－加拿大协定》（The United States – Mexico – Canada Agreement，USMCA）以及《欧盟－日本经济伙伴关系协定》（EU – Japan Economic Partnership Agreement，EPA）纷纷签订，并对知识产权国际规则的制定产生了巨大影响。

一、发达国家不满多边体系，积极推动 CPTPP 谈判

如前文所述，在逆全球化思潮的影响下，WIPO 以及 WTO 框架下的知识产权多边立法机制饱受冲击，发达国家也因此加快了由多边体系转移到双边或诸边谈判场合的体制转换。CPTPP 就是在这样的背景下产生的。1998 年，美国、澳大利亚等国的领导人在亚太经济合作组织（Asia – Pacific Economic Cooperation，APEC）领导人会议上提出建立新型贸易机制的诉求。当然，形成统一且满足自身发展需求的知识产权条款也是各国一直以来的殷切希望。在此背景下，2006 年，新西兰、新加坡、智利和文莱四国之间形成了《跨太平洋战略经济伙伴关系协定》（Trans – Pacific Strategic Economic Partnership Agreement，TPSEP），也称"P4 协议"（Pacific 4）①，但并未受到国际上的广泛关注。2008 年，受逆全球化思潮的强烈影响，美国在时任总统奥巴马的积极推动下，也开始加入并主导 TPP 谈判。由于美国的加入，TPP 谈判格外重视知识产权跨国保护问题。然而，特朗普当选美国总统后，美国却于 2017 年正式退出了 TPP。在美国退出之后，TPP 其余 11 个成员国继续合作，积极促成了 CPTPP 谈判，并且保留了大部分的知识产权条款，但搁置了原由美国提出的一些高标准知识产权条款。

---

① 由于该协议的初始成员国为 4 个（即新西兰、新加坡、智利和文莱），故又称"P4 协议"。

（一）CPTPP 的产生与发展

1. 初始阶段：P4 协议

TPP 的前身为 P4 协议，其是由新西兰、新加坡、智利和文莱四国签订的旨在促进亚太地区贸易自由化的自由贸易协定。其产生最早可以追溯到 1998 年 APEC 领导人会议，当时美国、澳大利亚、新西兰、新加坡和智利等国领导进行多次非正式讨论，希望能建立新型的贸易机制以实现其相同的贸易自由化诉求。但美国、澳大利亚和智利基于各自不同的原因退出，新西兰和新加坡继续进行谈判，并于 2001 年达成《新西兰—新加坡紧密经济伙伴关系协定》（Agreement between New Zealand and Singapore on a Closer Economic Partnership，NZSCEP）。2002 年 APEC 领导人会议期间，智利参与其中，开启了《太平洋三国紧密经济伙伴关系协定》（Pacific Three Closer Economic Partnership，P3 – CEP）的谈判。文莱在以“观察员”身份参与了数轮谈判之后，于 2005 年以“创始成员国”身份参加了第五轮谈判，协议改名为《跨太平洋战略经济伙伴关系协定》，即“P4 协议”，并于 2006 年在四国内生效。该协议的内容较为全面，包含货物贸易、原产地规则、贸易救济、服务贸易、知识产权、政府采购和竞争政策等，协议采取开放的态度，欢迎任何 APEC 成员与非成员参与，为日后美国及其他缔约方的加入做了铺垫。

P4 协议第十章为知识产权章节，包括定义、原则、总则、商标、地理标志、国名、合作 7 个条款，规定内容较为简单，其保护标准也基本上与 TRIPS 协定持平。但由于各缔约国影响力较小，该协议并没有得到国际社会的重视，其知识产权条款亦是如此。①

---

① 林思颖.《全面与进步跨太平洋伙伴关系协定》知识产权条款研究［D］. 武汉：中南财经政法大学，2020.

2. 扩容阶段：TPP

在全球多边贸易自由化进程受阻、逆全球化思潮不断泛起的背景下，双边和区域贸易协议数量激增，美国对内基于重振经济的需要，对外为牵制东亚一体化进程，扭转被排除在外的不利局面，于2008年9月宣布与P4协议国家谈判，自此P4协议也正式更名为《跨太平洋伙伴关系协定》，即TPP。美国的加入增强了TPP的全球影响力，吸引了澳大利亚、越南、秘鲁、马来西亚、加拿大和墨西哥的加入。2013年7月，日本也正式加入TPP谈判。至此，谈判成员国增加到了12个，在谈判结束前未再扩容。经过6年的磋商，2015年10月TPP谈判正式结束，12个缔约国于2016年2月4日在新西兰奥克兰举行签字仪式，TPP正式签署并进入各国批准阶段。TPP影响范围极广，缔约国的经济总量占全球经济的40%，拥有超过8亿人口的市场，贸易总量约占世界贸易总量的三分之一；覆盖的内容全面，几乎涵盖了一切与国际贸易相关的内容，包括原产地规则、技术性贸易壁垒、投资、跨境服务贸易、电子商务、政府采购、知识产权、劳工标准、争端解决等多方面内容；设定的标准更高，显著超越已有自由贸易协定的水平。

由于美国全面主导了TPP的谈判，因此知识产权条款从最初的草案就一直带有美国色彩，多数规则继承甚至超越了美式自由贸易协定中的高标准内容，所以一直是TPP备受关注和争议的焦点之一。TPP最终文本中的知识产权条款共计83条，包括了商标、地理标志、专利、著作权、执法措施等实体和程序性规则，同时考虑了网络环境下的知识产权保护问题，内容极其具体详细，保护标准明显超出TRIPS协定。[①]

---

① 林思颖.《全面与进步跨太平洋伙伴关系协定》知识产权条款研究［D］. 武汉：中南财经政法大学，2020.

3. 成形阶段：CPTPP

特朗普在竞选期间就一直将 TPP 视作“美国的潜在威胁”，认为其会给美国制造业带来毁灭性打击，美国在 TPP 谈判中所做的让步，不利于美国国内中产阶级和工人的利益。因此，特朗普上台后，于 2017 年 1 月 23 日签署行政命令，正式宣布退出 TPP。由于 TPP 规定的协议生效方式，[①] 或要求全部创始成员国通过国内审批程序，或要求通过国内审批程序的国家在 2013 年国内生产总值至少占全部创始成员国的 85%，这就意味着美国的退出将使得 TPP 不可能生效，这让世界一度认为 TPP 前景不再。然而，2017 年 3 月 15 日在智利举行的 TPP 部长级会议联合声明中，确认已签署 TPP 协议的 11 个国家（美国除外）将继续合作。同年 11 月 9 日，部长级会议中所有部长就新协议的文本、冻结清单等达成一致意见，并在第二天发表了部长级联合声明，宣布 TPP 正式更名为 CPTPP。2018 年 1 月，首席谈判代表会议在东京举行，CPTPP 协议在 11 个国家之间敲定。同年 3 月 8 日，11 国于智利完成签署仪式，后续将进入各国国内审批程序，当有 6 国完成国内审批程序之日起 60 天后，该协议将生效。随后，墨西哥、日本、新加坡、新西兰、加拿大、澳大利亚相继完成国内审批程序，CPTPP 于 2018 年 12 月 30 日正式对以上 6 国生效。2018 年 11 月 15 日越南也完成了国内审批程序，CPTPP 于 2019 年 1 月 14 日对其生效。截至 2023 年 2 月，仅有文莱和智利尚未批准 CPTPP。此外，自协议生效以来，11 国分别于 2019 年 1 月 19 日在日本东京和 2019 年 10 月在新西兰奥克兰成功举行两次 CPTPP 委员会会议，并发表了部长联合声明。[②]尽管美国的退出使 CPTPP 缔约国的经济总量在全球经济所占比重减至约 13.5%，但其规模和影响依然相当可观，是继 EPA、NAFTA 和欧盟单一市

---

① TPP 第 30 章第 30.5 条。

② CPTPP 委员会是 CPTPP 的决策机构，成立于 2018 年 12 月 30 日 CPTPP 生效之日。

场后的世界第四大自由贸易协定，仍可能对亚太地区甚至世界经济产生影响。2020—2021 年，韩国和英国相继申请加入 CPTPP。2021 年 9 月 16 日，中国也正式申请加入。从内容上看，CPTPP 暂时搁置了 TPP 中的 22 项条款，降低了准入门槛，但仍有三分之二的内容与 TPP 相同，仍维持着高标准、全覆盖和宽领域等特点。在知识产权章节，虽然 CPTPP 搁置的相关条款最多，总共有 11 条，但美国战略与国际问题研究中心（Center for Strategic and International Studies，CSIS）的高级顾问马修·古德曼（Matthew P. Goodman）认为："CPTPP 知识产权章节仍提供了迄今为止所有（区域）贸易协议中最先进、最详细的知识产权标准。它为在国外运营的公司提供了切实的保护，使它们的创新成果不被他人窃取。"①②

（二）CPTPP 知识产权条款的主要内容

由于知识产权在当今国际交往中的重要地位，知识产权条款也一直是多边或双边协定中的重点磋商内容。早在 P4 协议中各国就已经达成一定规模的知识产权保护条款，但其内容较为简单，也一直没有引起广泛的国际关注。随后，在美国主导下达成的 TPP 则明显带有美国色彩，并在知识产权章节中规定了较为详细的商标、地理标志、专利、著作权、执法措施等实体和程序性规则，同时考虑了网络环境下的知识产权保护问题，内容极其具体详细，保护标准明显超出 TRIPS 协定。③ 在美国退出 TPP 谈判后，其余 11 个国家最终达成的 CPTPP 在知识产权章节中的相关

---

① GOODMAN M P. From TPP to CPTPP [EB/OL]. (2018－05－08) [2019－11－06]. https://www.csis.org/analysis/tpp－cptpp.

② 林思颖.《全面与进步跨太平洋伙伴关系协定》知识产权条款研究 [D]. 武汉：中南财经政法大学，2020.

③ 林思颖.《全面与进步跨太平洋伙伴关系协定》知识产权条款研究 [D]. 武汉：中南财经政法大学，2020.

规定虽然没有 TPP 完整翔实，但仍维持着较高的保护标准。相比 WIPO 和 WTO 框架下的 TRIPS 等多边知识产权协定，CPTPP 知识产权条款更能满足发达国家的需求。具体来说，CPTPP 知识产权条款的主要内容可以分为以下几个方面。

1. 总则部分

在总则部分，CPTPP 规定了各缔约国应遵守的最低要求。其中包括两项谅解、国民待遇原则以及各缔约国应承担的加入国际条约的义务和透明度义务。两项谅解主要是关于基本立场以及特定公共健康措施的谅解。关于加入国际条约的义务，CPTPP 要求各缔约国加入的条约如表 2-1 所示，并给予新西兰加入《保护植物新品种国际公约》（UPOV）三年的宽限期。[①]

表 2-1 CPTPP 要求加入的国际条约

年份	条 约	简称	成员数量
1883	保护工业产权巴黎公约	巴黎公约	175
1886	保护文学和艺术作品伯尔尼公约	伯尔尼公约	175
1977	国际承认用于专利程序的微生物保存布达佩斯条约	布达佩斯条约	82
1979	专利合作条约	PCT	153
1989	商标国际注册马德里协定有关议定书	马德里议定书	106
1991	保护植物新品种国际公约	UPOV（1991）	76
1996	世界知识产权组织版权条约	WCT	103

① 林思颖.《全面与进步跨太平洋伙伴关系协定》知识产权条款研究［D］. 武汉：中南财经政法大学，2020.

续表

年份	条　约	简称	成员数量
1996	世界知识产权组织表演和录音制品条约	WPPT	103
2006	商标法新加坡条约	新加坡条约	50

资料来源：WIPO 官网（https：//www. wipo. int/treaties/zh/），UPOV 官网（https：//www. upov. int/members/en/），最后访问日期：2019 - 11 - 07.

2. 商标和地理标志部分

CPTPP 在商标部分主要规定了可注册为商标的标记类型及商标许可条件、驰名商标和域名的保护、商标保护期等内容。首先，在地理标志部分，CPTPP 要求各缔约国规定可作为地理标志的标记受其商标制度的保护，并通过商标或专门制度或其他法律手段予以保护。其次，该条约还规定了地理标志异议和注销的理由。① 由于美国在地理标志保护方面的需求并不强烈，因此 CPTPP 既规定了缔约国在未来任何贸易协议的地理标志保护谈判中承担确保信息透明的义务，也为利益攸关的缔约国提供了取消这些贸易协议中地理标志保护相关规定的合理程序。②

3. 专利相关规定

涉及专利内容的相关条款主要规定了：可授予专利的客体，并允许各缔约国出于一定理由拒绝授予专利权；专利的宽限期；农业化学品的未披露试验或其他数据的保护模式。同时，还规定了“专利链接”制度，并提供了两种方案。此外，CPTPP 知识产权章 G 节还将局部外观设计纳入了工业品外观设计的保护

① 针对葡萄酒和烈酒的地理标志或该类地理标志的申请或请求，缔约国可规定无须适用该条款。

② 盛斌，宗伟. 美国国会审批“跨太平洋伙伴关系协定”的前景探析［J］. 美国研究，2016（4）：89.

范围。①

4. 著作权和相关权利

CPTPP 知识产权章节涉及的著作权包括复制权、向公众传播权和发行权。首先，CPTPP 将复制权的保护范围扩展至临时复制行为，还将交互式传播纳入向公众传播权的保护范围。这对那些文学、影视和音乐作品丰富的文化输出国，特别是发达国家十分有利。其次，在该部分的注释中还明确，② 权利人不仅包括作者、表演者和录音制品制作者，还包括与这些人相关的利益继承者，扩大了享有这些权利的主体范围。最后，第 18.65 条也允许各缔约国建立权利的限制与例外制度，规定了“三步检验法”，要求各缔约国应努力实现著作权和相关权利制度中的合理平衡，包括数字环境下的限制和例外。③

5. 执法方面的规定

CPTPP 在执法方面的规定也充分反映了发达国家的利益需求。例如，在侵权行为的民事处罚方面，CPTPP 要求侵权人至少应当向权利人支付足额赔偿金，以补偿其因知识产权侵权行为所受的损害，至于赔偿金的计算，则允许权利人根据自己的主观判断提供合理价值评估方法。在此情况下，权利人自然会提供最有利于自己的评估方法，该款“明显将司法天平完全偏向了权利持有人一方”④。同时，该条款对惩罚性赔偿的适用条件也较为宽松。此外，CPTPP 也给予了各缔约国在临时措施启动方面极大的自由裁量空间，并且明确将混淆性相似商标的货物也纳入知识产权边境执法范围。同时，CPTPP 还加大了刑事惩处力度，并针对

---

① CPTPP 第 18.55 条。

② CPTPP 文本注释 65。

③ 林思颖.《全面与进步跨太平洋伙伴关系协定》知识产权条款研究［D］. 武汉：中南财经政法大学，2020.

④ 郭雨洒. TPP 最终文本之 TRIPS - PLUS 条款探究［J］. 电子知识产权，2016（1）：49.

政府使用合法软件的义务作出了明确的规定。

（三）CPTPP 对知识产权国际保护的影响

与欧洲经济一体化和北美经济一体化不同，亚太地区成员国之间的经济发展差异较大，因此一体化进程一直存在阻碍。而 CPTPP 的生效，不仅解决了这一问题，而且还进一步强化了国际合作及知识产权保护的区域化势头。① 虽然 CPTPP 作为诸边自由贸易协定，已然在参与的 11 个国家内形成了新的统一的知识产权保护标准，未来也可能会吸引更多的国家加入，从而扩大该协定下知识产权条款的适用范围。但是，CPTPP 其实很难从根本上改变当前国际知识产权保护愈加复杂的局面。主要有以下几点理由：第一，CPTPP 是发达国家主导下的区域性协定，其中的知识产权条款也主要反映了发达国家的利益和需求，较少考虑发展中国家的知识产权利益和保护现状。因此，很难形成统一的公认的国际保护标准。第二，CPTPP 进一步扩容并非易事。将来有意愿加入 CPTPP 的国家必然会就知识产权章节的内容做适用性评估，在加入前后调整辖区内相关的法律法规以达到 CPTPP 的保护标准。但是对于大多数发展中国家而言，这并非一蹴而就的，可能会花费较长的时间才能顺利加入 CPTPP。此外，新缔约国加入的前提条件是需要得到 CPTPP 全部原始缔约国的同意，也就是说，若有意愿加入的国家与原始缔约国存在地缘政治冲突等情况，就很有可能会被拒绝加入。加之，RCEP 和未来可能会出现的新的区域性 FTA，都有可能削弱 CPTPP 的影响力，协议能否持续地吸引新经济体加入仍有待商榷。② 综上，正如有学者指出的，无论是双边还是诸边 FTA，“本质上仍无法有效协调不同经济体在

---

① 樊莹. CPTPP 的特点、影响及中国的应对之策［J］. 当代世界，2018（9）：8－12.

② 林思颖.《全面与进步跨太平洋伙伴关系协定》知识产权条款研究［D］. 武汉：中南财经政法大学，2020.

知识产权规则制定中的矛盾，无法根本克服 FTA 中的‘意大利面碗现象’”①。因此，在短期内，CPTPP 也仅仅只能作为 FTA 全球网络中的一部分，与其他 FTA 共同作用，进一步加剧知识产权国际保护格局的碎片化。② 此外，在 CPTPP 的前身 TPP 启动谈判之后，还直接或间接带动了世界范围内区域性 FTA 的大发展，催生了包括 RCEP、中日韩自贸协定、日本和欧盟自贸协定、美墨加协定、非洲大陆自贸协定等在内的一系列区域贸易协定的谈判、签署和生效，③ 从而导致知识产权多边立法机制的进一步弱化。

二、亚太地区为应对逆全球化，主动达成 RCEP 协定

在逆全球化思潮的推波助澜下，多边机制显然已经逐渐失去其应有的权威及功能。因此，无论是发达国家还是发展中国家都在积极寻求新的解决途径以促进自身贸易发展和知识产权保护。2011 年 2 月，东盟第十八次经济部长非正式会议就提出希望构建一个全面的亚太地区一体化贸易和投资框架，但由于 RCEP 所涉议题的多样性和复杂性，迟迟不能达成一致。具体到知识产权领域，由于发达国家与发展中国家的优势资源不同，各国对于知识产权的保护范围及保护标准等问题始终不能形成统一意见。不过随着逆全球化思潮的再次高涨，美国高举单边主义和贸易保护

---

① GERVAIS D. Rethinking the international intellectual property system：what role for WIPO？//Rethinking international intellectual property law：what institutional environment for the development and enforcement of IP law？［R］. Geneva：ICSTD，2015（1）：13－28，转引自褚童．巨型自由贸易协定框架下国际知识产权规则分析及中国应对方案［J］．国际经贸探索，2019（9）：90.

② 林思颖.《全面与进步跨太平洋伙伴关系协定》知识产权条款研究［D］．武汉：中南财经政法大学，2020.

③ 李春顶，张瀚文．CPTPP：引领国际经贸秩序和规则的风向标［J］．世界知识，2021（4）：16－19.

主义旗帜，选择退出 TPP 并转向双边谈判，全球经济贸易陷入十分不利的局面。在此背景下，为维护亚太地区的贸易秩序稳定，各方逐渐达成谅解。2020 年 11 月 15 日，RCEP 在 15 国领导人的共同见证下得以签署，2022 年 1 月 1 日对第一批提交核准书的 10 个成员国开始生效。

（一）RCEP 知识产权条款的形成背景

1. 前期准备阶段

RCEP 的概念最早在 2011 年 2 月于东盟第十八次经济部长非正式会议上提出，旨在整合现有的 5 个“东盟 +”自贸协定的基础上，构建一个全面的亚太地区一体化贸易和投资框架。[①] 2011 年 11 月在第十九届东盟峰会上正式提出《东盟区域全面经济伙伴关系框架文件》（以下简称《框架》），这是 RECP 谈判的指导性文件。2012 年 8 月，“东盟 10 + 6”经济部长会议签署了《RCEP 谈判指导原则和目标》,[②] 进一步对谈判的目标进行了规定，即要在东盟和其他成员国之间建立一个现代、全面、高质量、互利的经贸协议，并且计划于 2013 年正式启动谈判，2015 年结束谈判。[③] 2012 年 11 月 20 日，“东盟 10 + 6”领导人共同发布了《启动〈区域全面经济伙伴关系协定〉谈判的联合声明》，标志着 RCEP 谈判正式启动。

2. 缓慢发展阶段

2013 年 5 月 RCEP 第一轮谈判正式在文莱举行，成立了货物

---

① 张蕴岭. 在理想与现实之间：我对东亚合作的研究、参与和思考［M］. 北京：中国社会科学出版社，2015：137.

② “东盟 10 + 6”是指东盟 10 国与中国、日本、韩国、印度、澳大利亚、新西兰 6 国。

③ 议题涵盖货物贸易、服务贸易、投资、经济技术合作、知识产权、竞争政策、争端解决及其他问题 8 个领域。

贸易、服务贸易和投资三个工作组，并就合作标准进行了初步讨论。[①] 2013 年 9 月的第二轮谈判中各国开始就知识产权议题进行交流。2014 年 1 月的第三轮谈判正式成立了知识产权谈判工作组。至此，《框架》中规定的 7 个主要领域已全部建立谈判组。[②] 但是 RCEP 所涉及议题的多样性和复杂性，成员国之间的经济和科技发展的差异性，以及 TPP 谈判取得积极进展，使得推进 RCEP 谈判进程的艰难程度远超预期。[③] 日韩等发达国家和印度等发展中国家想实行的知识产权标准差别较大，知识产权条款谈判初期也进展缓慢，举步维艰。直到第六轮谈判开始前，东盟、印度、日本和韩国才提交知识产权章节的草案，[④] 知识产权议题开始出现实质性进展。此后 2015 年一共进行了四轮谈判，多次谈判中都对知识产权议题进行了讨论，但 RCEP 并没有如期实现 2015 年结束谈判的预定目标。

3. 快速推进阶段

该阶段谈判进程主要受 TPP 谈判的影响。2015 年 10 月 TPP 谈判正式结束，于 2016 年 2 月 4 日正式签署并进入批准程序。但 2017 年 1 月 23 日，刚上任三天的特朗普总统就签署了行政命令，正式宣布退出 TPP。他认为 TPP 如果实施，将会给美国的制造业带来毁灭性打击，所以放弃了 TPP 而转向更有优势的双边谈

---

① Regional Comprehensive Economic Partnership (RCEP) joint statement the first meeting of trade negotiating committee [EB/OL]. (2013 - 05 - 10) [2021 - 09 - 20]. https://asean.org/regional - comprehensive - economic - partnership - rcep - joint - statement - the - first - meeting - of - trade - negotiating - committee/.

② Third round of negotiations on RCEP held in Malaysia [EB/OL]. (2014 - 02 - 27) [2021 - 09 - 20]. http://english.mofcom.gov.cn/article/newsrelease/significantnews/201401/20140100478396.shtml.

③ 肖琬君，冼国明. RCEP 发展历程：各方利益博弈与中国的战略选择 [J]. 国际经济合作，2020 (2)：12 - 25.

④ YU P K. The RCEP and Trans - Pacific Intellectual Property Norms [J]. Vanderbilt Journal of Transnational Law, 2017 (5): 673 - 740.

判，并通过各种政治经济手段来强迫对手签订协议。特朗普奉行的单边主义和贸易保护主义严重破坏了国际贸易秩序①，一定程度上引起了逆全球化浪潮。另外，美国的退出使 TPP 经济体量大幅缩水，虽然日本继续积极推动 CPTPP 的签订，但经济体量从 TPP 的占全球经济的 40% 减少到 CPTPP 的 13.5%，极大地减少了各缔约国能获得的利益。② 为了削弱美国退出 TPP 带来的不良影响，维护国际经济秩序，同时促进自身经济发展，RCEP 各成员国希望 RCEP 能成为维护亚太地区贸易秩序的新平台。③ 于是，谈判各方开始积极参与 RCEP 谈判，并逐渐达成谅解。

截至 2018 年 7 月 27 日第二十三轮谈判，众多章节已达成一致，但知识产权部分始终无法达成共识。④ 发达国家和发展中国家不同的利益需求和知识产权政策分歧导致 RCEP 知识产权条款谈判推进动力不足。一直到 2019 年 7 月第二十七轮谈判，知识产权章节才基本确定。2020 年 11 月 15 日，在 RCEP 第四次领导人会议上，15 国最终通过视频方式正式签署了 RCEP 协定。

（二）RCEP 知识产权条款的主要内容

RCEP 正式文本的知识产权章节一共有 83 个条款，以及过渡期安排、技术援助两个附件。⑤ 该章节不仅是 RCEP 包含内容最多、篇幅最长的章节，也是我国迄今为止所签署的自贸协定中包

---

① 蔡亿林．RCEP 对中国经贸的影响分析［J］．石家庄学院学报，2021，23（4）：63－68.

② 林思颖．《全面与进步跨太平洋伙伴关系协定》知识产权条款研究［D］．武汉：中南财经政法大学，2020.

③ 蔡亿林．RCEP 对中国经贸的影响分析［J］．石家庄学院学报，2021，23（4）：63－68.

④ 王黎萤，王雁，张迪．RCEP 知识产权议题：谈判障碍与应对策略：基于自贸协定知识产权规则变革视角的分析［J］．国际经济合作，2019（4）：20－30.

⑤ 中华人民共和国商务部．RCEP 第十一章知识产权［EB/OL］．（2020－11－18）［2021－09－10］．http：//fta. mofcom. gov. cn/rcep/rceppdf/d11z_cn. pdf.

含内容最为全面的知识产权章节。虽然在 RCEP 草案中，各国对于药品问题争论得十分激烈，但在 RCEP 最终文本中并没有具体的药品知识产权条款，包括专利期延长条款、专利范围、数据排他性等内容。整体来看，协定既有很多原则性、非强制性的条款，也有一些详细的指导性甚至是义务性的规定，体现了统一性和多样性，下面进行具体介绍。

1. 总则和基本原则

本部分共 8 条，属于原则性的内容，对知识产权章节的目标、原则、各缔约国的义务、国民待遇原则、参与协定等进行了规定。首先，在目标上，要通过知识产权制度来深化经济一体化与合作，并考虑各缔约国之间的差异。其次，在与 TRIPS 的关系上，知识产权的范围与 TRIPS 保持一致，如果关于知识产权的规定与 TRIPS 不一致时应当以 TRIPS 为准。再次，知识产权章节的原则包括为保护公共健康和公共利益可以在关键领域采取必要措施，限制权利人滥用权利以及促进竞争。最后，还对应当加入、应当致力加入以及有意加入的国际条约进行了规定，其中包括一些在 2000 年后修改或签订的多边条约。另外，还规定有国民待遇原则。

2. 著作权和相关权

第二节是著作权和相关权条款，共 9 条。其中，条文规定了作者、表演者和录音制品表演者以及制作者的专有权、信息网络传播权、复制权和获得报酬权；授予广播组织转播权和复制权，以及对载有加密节目的卫星信号接收和传播行为采取措施；建立公平、高效、公开透明的集体管理组织，并鼓励组织相互之间的合作；保护技术措施和权利管理电子信息，各缔约国可以规定限制和例外；政府使用非侵权的计算机软件；合理使用规则，其中包含《马拉喀什条约》中视障者及其他印刷品阅读障碍者的情况。

3. 商标和地理标志

第四节和第五节是关于商标和地理标志的规定，其中商标有9条，地理标志有7条。商标部分包括：商标的定义和范围，能够区分有关货物或服务，或者具有显著性的文字、字母、数字、图形、立体形状、颜色组合、声音等都可以注册商标，可被视觉感知并不是注册条件等；集体商标、证明商标和地理标志的商标保护和商标分类应遵循《尼斯协定》；商标的申请注册等程序，其中包括电子申请及电子文本的内容；注册商标所有人专有权及例外；对先于地理标志的商标进行保护，对驰名商标进行保护；驳回恶意的商标注册或申请。地理标志部分包括：地理标志的保护，规定地理标志可以通过商标、专门制度或其他方式获得保护；地理标志的申请、异议、注销程序及理由；根据国际协定保护或承认地理标志的程序。

4. 专利和工业设计

第五节和第六节规定了专利和工业设计相关的内容，其中专利有13条，工业设计有4条。专利部分包括：可授予专利的客体，专利是可获得且非歧视的，为了公共利益和公共健康，疾病的诊断和治疗方法、动植物等可以排除可专利性；植物新品种应当通过专利或专门制度进行保护；专利权及其例外；专利的实验性使用；专利注册审核、电子申请、公布程序及快速审核问题；与新颖性有关的专利宽限期及互联网公开问题。工业设计部分包括：工业设计的保护及特点；纺织品设计的保护；权利及例外以及部分工业设计的保护；互联网公开；工业设计申请注册授权的程序及分类制度。

5. 知识产权的实施

第十节规定的是知识产权执法问题，共18条，分为一般义务、民事救济、边境措施、刑事救济以及数字环境下的执法5个小节。一般义务包括要在国内法中规定相关执法程序、程序应公平合理、注意比例原则、作者的推定等。民事救济包括：公平合理的民事司法程序；损害赔偿及费用承担；销毁侵权货物、材料和工具；对程序中机密信息的保护；临时措施。边境措施可以依权利人申请中止放行涉嫌盗版或假冒商标货物并提供有关信息，规定适当期限，而且有权要求保证金或同等的担保；同时可以依职权中止放行并要求权利持有人提供相关信息，但要有合理期限；主管机关有权销毁相关货物；相关措施要有合理的费用。刑事救济包括对具有商业规模的故意侵权、盗版及假冒商标货物情况以及在电影院放映复制电影作品的情况适用刑事程序和刑罚。民事和刑事救济程序同样适用于数字环境侵权下的执法。

6. 其他规定

第七节规定了遗传资源，传统知识和民间文学艺术的保护，对于遗传资源来源有披露要求的成员国应该公开相关规则，进行专利审查时也要考虑与遗传资源相关的传统知识。该条款是第一次在国际条约中进行规定，对于发展中国家相关资源的保护具有重要意义。

第八节规定了对域名、未披露信息的保护，第九节要求对国名的商业性使用提供救济。第十一、第十二、第十三节规定的都是合作与援助相关的内容。第十三节包括过渡期和技术援助。第十四节规定了改善知识产权管理程序及简化书面程序要求等程序事项。

（三）RCEP 对知识产权国际保护的影响

根据前文所述，以双边或区域贸易协定、知识产权协定、投资协定等形式来实现其知识产权保护诉求的体制转换策略近年来通常被发达国家所采用。然而，在逆全球化思潮方兴未艾的当下，为维护自身贸易安全，发展中国家也开始意识到知识产权多边治理体系的困境，试图加入区域化、双边化的协定来维护自身贸易安全。RCEP 便是在此种背景下，由亚太地区国家发起的区域性贸易协定。毋庸置疑，RCEP 是逆全球化思潮下的产物，也将会对知识产权国际保护格局产生巨大的影响。

中国原外经贸部副部长龙永图曾表示：“RCEP 的签订，是最近一两年来整个全球多边贸易体制的好消息。”① 香港中文大学（深圳）全球与当代中国高等研究院院长郑永年认为，不同于一些排他性的自贸协定，“RCEP 才是真正的多边主义”，“是共识之上的多边主义，而不是哪个国家强加的”。美欧学者也注意到 RCEP 降低贸易壁垒、推动多边共赢的意义。② 从长远来看，由于 RCEP 所包含成员国的多样性和全面性，使其类似于一个小型 WTO，具有多边平台的特征。因此，RCEP 的签订可能确实会起到维护知识产权多边治理体系的作用。而且，RCEP 知识产权条款与 TRIPS 等多边体系具有一致性，并成功整合了区域内碎片化的知识产权规则，建立起自贸协定知识产权规则范式，有助于缓解多边规则制定中的各方冲突③，加快复杂多样的知识产权国际规则统一向多边体系转化，促进 WTO 和 WIPO 多边体系的知识产权标准的协调。④ 此外，区域内的知识产权规则还是全球知识产权规则的有益补充和先行试错。⑤ 但是，从目前来看，RCEP 作为诸边自由贸易协定，其知识产权条款不可避免地倾向于保护

---

① 周毅．龙永图：希望 RCEP 和 CPTPP 走向融合［EB/OL］．（2021 - 04 - 20）［2022 - 12 - 25］．https：//baijiahao.baidu.com/s？id = 1697541367033883508&wfr = spider&for = pc.

② 贾元熙．美欧智库解读 RCEP 影响及意义［N/OL］．（2020 - 11 - 27）［2022 - 06 - 23］．https：//news.sina.cn/2020 - 11 - 27/detail - iiznctke3644599.d.html.

③ 隋广军，查婷俊．贸易摩擦冲击下的全球经济治理体系变革：基于治理规则的视角［J］．天津社会科学，2019（3）：106 - 112.

④ YU P K. Thinking about the Trans - Pacific Partnership and a mega - regional agreement on life support［J］. SMU Science and Technology Law Review, 2017（20）：97 - 132.

⑤ 许佳，付争．新冠肺炎疫情冲击下亚太地区区域化进程分析［J］．亚太经济，2020，223（6）：17 - 21，146.

区域利益，并不一定能得到国际范围内的认可和推行。同时，RCEP 的进一步扩容也不容乐观。因此，RCEP 下的知识产权标准目前也只能在亚太地区国家之间具有约束力，很难扩张成为全球性的统一标准。

三、逆全球化思潮方兴未艾，美国主导 USMCA

在全球化进入新的阶段、逆全球化思潮风起云涌的当下，美国高举贸易保护主义和单边主义旗帜，不断阻碍知识产权多边保护机制的正常运作。在此背景下，WTO 争端解决机制陷入停摆，多项立法进程停滞不前。由美国主导的 NAFTA 也被特朗普政府视为美国的“灾难”而一度陷入僵局。因此，特朗普政府希望修改对己方不利的条款并重新达成协定。经过艰难的谈判过程，美国、墨西哥和加拿大三国代表于 2019 年 12 月 10 日签署了 USMCA 修订版，取代了原有的 NAFTA。USMCA 在美国的主导下完成，其知识产权章节也明显反映了美国的知识产权保护需求。当然，作为美国贸易协定的新范式，该协定不仅会使美国、墨西哥、加拿大三个缔约国之间的利益格局发生变化，也会对知识产权国际保护产生较大影响。

（一）USMCA 知识产权条款的形成背景

USMCA 是为取代原有的 NAFTA 而产生的。20 世纪 80 年代初，由于欧共体的蓬勃发展以及日本经济圈的急剧扩张，美国开始有了建立北美自由贸易区的设想。于是，美国与加拿大两国于 1988 年签订《美加自由贸易协定》以促进双方的贸易往来。为避免边缘化，墨西哥也希望能够与美国达成合作关系。经过多次谈判，美国与墨西哥也最终签署了《美墨贸易与投资协定》。然而，在美国与墨西哥达成协议后，加拿大却认为该协定将会影响加拿大与美国之间的贸易往来并且强烈要求加入美国和墨西哥的谈判。在此背景下，三国历经一年多的磋商与谈判，于 1992 年 8

月 12 日签署了 NAFTA。该协定的生效在一定程度上加强了三国之间的经济合作，并对北美经济一体化具有积极作用。

然而，由于逆全球化的方兴未艾，NAFTA 也陷入了前所未有的困境之中。因为美国自身经济规模较大，协定对美国的积极影响较为有限，甚至造成了美国的贸易逆差现象，所以，特朗普认为 NAFTA 对于美国来说是“一个灾难”，表示要退出该协定，并希望能够重新就 NAFTA 的相关条款进行谈判。当然，在新的国际经济贸易环境下，加拿大和墨西哥也认识到 NAFTA 的不足，均认为必须对其中的部分条款进行调整和修改以适应时代需要，因此三国重新启动了贸易谈判。不过，美国的实力地位也决定着其在整个调整和修改过程中一直占据主导地位，特朗普政府也一直倡导美国优先原则，主张对自己不利的条款进行大幅修改。加拿大和墨西哥虽对美国的这一行为也颇有怨言，但碍于已经形成的三国之间的经贸关系也不得不妥协。最终，三国之间达成了新的贸易协定，即 USMCA。2019 年 12 月 10 日，USMCA 修订版最终得以在墨西哥城签署并于 2020 年 7 月 1 日正式生效。①

（二）USMCA 知识产权条款的主要内容

USMCA 第 20 章为知识产权条款，该章充分彰显了美国的知识产权保护需求。其中，第 C、D、E 节为商标等商业标识的内容，第 F、G 节规定了专利的相关内容，第 H 节为版权和相关权的内容，第 I 节规定了商业秘密的内涵、侵权定义、民事以及刑事保护等内容。第 J 节则包括了知识产权执法的相关规定。

1. 商标等商业标识条款

商标条款主要规定了商标注册的条件，要求各缔约国不能以标识可视性作为商标注册条件并须尽力注册气味商标；集体商标和证明商标以及商品和服务的分类须采用或维持与《尼斯分类》

① 时辰怡.《美墨加协定》之知识产权条款研究［D］. 广州：暨南大学，2020.

相一致的商标分类系统；商标侵权的判定标准即“混淆性”标准；驰名商标的认定与特别保护以及商标的审查、异议和撤销事项；商标权的保护期为10年，可以续展；商标许可的非备案规定等。域名条款则主要规定了针对国家代码顶级域名管理系统中域名的争端解决程序，以及缔约国须为权利人提供的救济措施。关于国家名称，USMCA第20章第D节仅有一条规定，要求缔约国为利益相关人提供法律手段以禁止他人将缔约国国家名称商业性使用在商品上。此外，USMCA还要求缔约国通过商标或其他特别法律保护地理标志，并就保护或确认地理标志的行政程序作出了详细的规定。

2. 版权及相关权条款

版权及相关权条款被规定在USMCA第20章第H节中，共13条。该协定仅规定了一般意义上的普通作品、表演和录音制品，而未具体规定作品类别以及录像制品。[①] 其中，主要内容包括：版权专有权的内容及保护期；版权的限制与例外、“三步检验法”；版权的许可与转让自由；版权的集体管理制度以及破坏技术保护措施、权利管理信息的违法行为等。

3. 专利条款

USMCA第20章第F节，包含普通专利、与农业化学品有关的措施以及与药品有关的措施三个部分。第G节则为工业品外观设计，但内容比较少。对于普通专利，该协定主要规定了：可授予专利的客体要件；专利申请的宽限期；专利的撤销必须基于正当理由；不视为侵犯专利的例外规定；准许专利申请人对申请进行修正、更正和陈述意见；专利申请的公布须尽快并向公众提供相关信息；工业品外观设计专利的保护期以及各缔约国应为不合理公布导致延误的专利调整保护期限等。对于农业化学品未披露

---

① 刘迪，阮开欣.《美国－墨西哥－加拿大协定》知识产权章节评介之商标、版权条款［J］. 中国发明与专利，2019，16（2）：26－32.

的试验数据的保护，其主要规定了对“新农业化学品”的定义以及保护期限和内容。在与药品有关的措施中，则规定了：各缔约国须对药品专利保护期限进行调整以补偿权利人因上市审批程序导致的专利有效保护期的不合理缩减；采用或维持药品监管的审查例外；药品未披露试验数据的保护期；专利权人通知以及上市审查机构与专利局的协调制度。同时，USMCA 规定各缔约国仍可履行《TRIPS 协定与公共健康宣言》中的义务，采取措施保护公众健康。

4. 商业秘密条款

商业秘密条款规定在 USMCA 第 20 章第 I 节，共 8 条。其主要规定了：“商业秘密”与“侵占”的定义；民事司法程序中的临时措施和秘密性的保护以及商业秘密的刑事保护；要求缔约国针对未授权侵占和恶意侵占商业秘密的行为规定刑事程序和惩罚；禁止政府官员在官方职责范围之外未经授权披露、使用商业秘密；禁止缔约国施加过度或歧视性条件或稀释商业秘密价值的条件，阻止或妨碍商业秘密的自愿许可。

5. 知识产权执法条款

知识产权执法条款规定在 USMCA 第 20 章第 J 节中。关于知识产权执法的一般规定，包括：民事、刑事和行政诉讼或执法程序中的三项规定；司法判决和行政裁决的表达形式以及缔约国的信息公布义务和临时措施的申请条件等内容。关于民事、行政程序及救济措施，协定规定了：禁令救济和损害赔偿；律师费以及专家费；对侵权商品等物品的处置和对滥用诉讼程序行为的规制，以及侵权人的证据开示义务。同时，该部分内容还包括刑事诉讼和惩罚、边境执法等内容。①

① 刘迪，阮开欣.《美国 – 墨西哥 – 加拿大协定》知识产权章节评介之商标、版权条款［J］. 中国发明与专利，2019，16（2）：26 – 32.

（三）USMCA 对知识产权国际保护的影响

在逆全球化思潮的影响下，美国不断强调自身利益，屡屡挑战知识产权多边立法机制的权威，并转而通过区域化、双边化的立法手段来形成符合自身利益的协定。USMCA 便是在美国的主导下，由美国、墨西哥、加拿大三国签订的自由贸易协定，其中的知识产权条款也能够较好地体现美国对于知识产权保护的需求。当然 USMCA 不仅体现了美国在促进贸易或知识产权规则的高标准方面所做的努力，而且凸显了特朗普政府的美国优先、保护主义、单边主义倾向。[①] 此外，也有一些观点认为，USMCA 可能被美国打造成未来贸易谈判的模板，甚至将成为美国施压 WTO 改革的重要筹码。[②]

随着 USMCA 的达成，三个成员国之间也已经形成新的知识产权保护标准，进一步分裂了原有的多边保护规则，使知识产权国际保护陷入更加复杂的局面。首先，USMCA 创建了更为严格的知识产权保护标准，并且淡化了对发展中国家的技术支持和能力建设等方面的规定，不利于发展中国家的知识产权保护。而且与 CPTPP、RCEP 不同，USMCA 的成员国只有三个。虽然由于美国的参与，该协定也具有较强的国际影响力，但仍不及 CPTPP 与 RCEP 的覆盖范围，不具备演化为多边条约的基础。加之，其本身的知识产权标准更为严苛，也并未充分考虑广大发展中国家与地区的保护现实。因此，USMCA 所形成的知识产权保护标准只能在小范围得到适用，很难成为国际统一的保护标准。其次，USMCA 在知识产权章节中关于生物制药、专利、版权、商标保

---

① 白洁，苏庆义.《美墨加协定》：特征、影响及中国应对［J］. 国际经济评论，2020（6）：123－138.

② 外土司资讯. 今日起，美墨加协定正式生效！“排他性”将对全球贸易及中国产生巨大影响！［N/OL］.（2020－07－02）［2022－06－24］. https：//www. sohu. com/a/405267186_100257236.

护等方面的内容上均制定了更为严格的法律条款，体现了“美国优先”思想，此种只强调自身利益和需求的行为也将掀起一场更为严峻的逆全球化浪潮。再次，USMCA 中的多项规定还体现出架空 WTO 的态势，严重冲击着知识产权多边机构的正常运作。最后，USMCA 中的知识产权条款也在一定程度上，反映了对中国的遏制和孤立，严重破坏全球化进程，不利于世界一体化格局的形成。

四、欧盟与日本另起炉灶，签订 EPA

为抵制特朗普的贸易保护措施，日本和欧盟也开始寄希望于签订双边协定以加强彼此的贸易往来。据此，双方领导人在布鲁塞尔举行的第二十届日本与欧盟领导人会议上决定开启覆盖关税、非关税壁垒、服务贸易、投资、知识产权等内容的《欧盟－日本经济伙伴关系协定》（EPA）的对话。目前，EPA 已正式生效，涵盖 6.39 亿人口、22 万亿美元 GDP，贸易额占世界贸易总额的近 37%，不断影响着全球经济贸易格局。当然，EPA 中的知识产权条款也集中体现了欧盟与日本对于知识产权保护的新需求，给知识产权跨国保护带来了新的挑战。

（一）EPA 知识产权条款的出台背景

2008 年金融危机爆发之后，欧盟和日本都在积极寻找解决自身难题的方法，并希望促进双方的贸易往来以抵御世界格局的动荡对彼此带来的不利影响。因此，日本与欧盟于 2010 年 4 月 28 日的领导人会议上决定成立高级别联合小组（Joint High Level Group）以研究双边贸易发展的有关问题。2011 年 5 月 28 日，在第二十届日本与欧盟领导人会议上，双方领导人正式决定启动

EPA 的对话。[①] 不过，EPA 的谈判达成并不是一帆风顺的。由于涉及农产品、关税等敏感话题，双方难以迅速达成一致。加之在此期间，双方主要把精力放在 TPP 或 TTIP 的谈判上，因此 EPA 谈判迟迟没有达成一致。

然而，特朗普上台后，断然宣布退出 TPP 并冻结 TTIP 谈判，并多次对盟友下手，其单边主义和保护主义色彩显而易见。这使得欧盟和日本再次将达成自由贸易协定的重点放到了 EPA 上，并就之前谈判过程中存在重大分歧的地方作出妥协和让步。最终，EPA 于 2018 年 12 月分别得到各自议会和国会批准。EPA 签订后，欧日便共同形成了全球最大自贸区之一，毋庸置疑，这将导致世界政治经济格局发生重大改变。[②]

（二）EPA 知识产权条款的主要内容

EPA 中的知识产权条款规定在第十四章，整个章节分为四部分，分别是一般规定、知识产权标准、执行、合作与制度安排。具体内容如下：

1. 一般条款

一般条款主要规定了：缔约方须遵守的有关知识产权国际公约中规定的义务以及双方应努力批准或加入的相关国际条约；国民待遇原则；知识产权管理的效率和透明度，包括提高行政程序的效率以及公布有关注册申请文件等资料的相关事项。

2. 版权及相关权

在版权及相关权领域，EPA 主要规定了：版权及相关权的保护期；录音制品的使用；艺术品的转售权，这在 TRIPS、TPP 和 CPTPP 中均没有提及。此外，EPA 也没有规定关于破坏技术保护

---

① 沈铭辉．浅析日本—欧盟经济伙伴关系协定及其影响［J］．当代世界，2018（9）：13－17．

② 宋锡祥，张贻博．《欧盟—日本经济伙伴关系协定》透视及中国的应对之策［J］．国际商务研究，2019，40（3）：57－68．

措施及权利管理电子信息的违法行为。

3. 商标及地理标志

商标条款中有关可注册商标类型和驰名商标的保护模式，EPA 均延续了《巴黎公约》和 TRIPS 的规定，并没有作出新的规定。但在地理标志保护方面，EPA 规定较为详尽，主要规定了：地理标志的保护范围、保护体例；某一缔约方领域内同名地理标志的保护问题；可不予保护的地理标志类型以及地理标志和商标保护的关系。这也充分反映了欧盟对地理标志较高的知识产权保护需求。

4. 工业品外观设计、未注册产品外观和专利

在这一部分内容中，EPA 规定了外观设计专利、药品和农药产品专利以及专利权的保护客体范围等内容。在外观设计专利的相关条款中，EPA 主要强调了：各缔约方对产品局部外观设计的专利权保护；外观设计专利权的总保护期；对于未经注册的产品外观的保护等内容。在药品和农药产品专利的保护条款中，EPA 则主要规定了对药品和农药产品专利的补偿性保护期限，该规定旨在有效促进日本和欧盟的药品和农药产品的创新。

5. 商业秘密、未公开的测试或其他数据、不正当竞争

EPA 对药品和农药产品未披露的试验数据提供了更高水平的保护，并采用了类似于专利专有权的保护形式，这在一定程度上限制了仿制药品进入原研药品市场。同时，EPA 也没有规定关于缔约方允许第三人依赖前一申请人的未披露数据进行药品上市申请的救济措施。在不正当竞争条款中，EPA 就恶意注册域名的行为予以规定，认为缔约方应对以营利为目的，导致对现有商标产生混淆的恶意注册或持有域名的行为采取恰当的救济措施，包括但不限于撤销、取消、损害赔偿、禁令等。

6. 知识产权执法条款

由于欧盟与日本对于知识产权“严保护”的需求，EPA 就知识产权执法提出了较高的要求。在证据保全措施方面，EPA 规定双方的司法部门均有权下令采取迅速和有效的临时措施以保存与被指控的侵权行为有关的证据。司法部门也可以发布诉中禁令，命令扣押或交付涉嫌侵犯知识产权的货物，以阻止其进入或在商业渠道内流动。在边境执法措施方面，EPA 规定对于进口或出口的货物，① 权利持有人可以向海关当局提出申请，要求其暂停释放或扣留涉嫌侵权的货物。在侵权损害赔偿方面，EPA 第 14.47 条规定：侵权人应当向权利人支付足以补偿权利损失的损害赔偿；权利人有权主张利润损失和律师费等成本费用。但是，EPA 未就卫星和有线电视的保护、政府办公软件、有线环境中的版权侵权行为、互联网服务提供商的安全港制度作出相关规定。

7. 合作及制度安排

EPA 第四部分专章规定了关于缔约方进行后续合作的制度安排，并且设立了知识产权委员会负责该部分的有效实施和运行。同时，EPA 还要求缔约方认识到知识产权对促进贸易和投资的重要性，及时交换双方的国际和国内知识产权政策、知识产权管理以及打击侵权行为方案等方面的资料信息。

（三）EPA 对知识产权国际保护的影响

在全球经济危机爆发之后，美国贸易保护主义愈演愈烈，甚至将枪口对准了自己的盟友。时任美国商务部部长罗斯就曾公开对媒体表示，自 2018 年 6 月 1 日起，来自加拿大、墨西哥

---

① 就本条而言，“进口或出口的货物”是指，对欧盟而言，受海关管制，运入其海关领土或从其海关领土带出或在该国临时储存，置于海关程序之下或再出口的货物。

和欧盟的钢铝产品将不再享受关税豁免的待遇。时任德国总理默克尔也对美国的这种举措进行了严厉的抨击，认为这是“单边”和“非法”的。①

为抵制美国的贸易保护主义，应对逆全球化的浪潮，日本与欧盟于2018年达成了EPA协定。欧盟贸易委员玛姆斯通表示，“这对维护基于世界规则的开放贸易释放出强烈信号”②。同时，时任日本首相安倍也认为协定的签署对向世界强调自由贸易的重要性具有重要意义，“在贸易保护主义不断扩散的背景下，EPA的签署是向世界展示日本和欧盟作为自由贸易的旗手引领世界的坚定的政治主张”③。毋庸置疑，EPA协定的达成在一定程度上抵制了美国的贸易保护主义，并向世界传递了全球自由贸易的利好信号。但是具体在知识产权国际保护领域，EPA仍然在一定程度上冲击了以TRIPS等多边条约为基础的知识产权多边立法机制。一方面，EPA只是创建了更加符合双方利益的知识产权条款，而非代表全球范围内的知识产权保护水平，因此只能在欧盟与日本之间形成统一的知识产权国际保护标准，无法成为多边规范。另一方面，随着区域化、双边化协议数量的不断增加，各协议交叉重叠，会形成所谓“意大利面碗”现象，这将导致知识产权国际保护的形势进一步复杂化。

---

① 张梦旭，青木，姚蒙，等. 今天，欧洲对美一片暴怒，这话都说出来了……［N/OL］.（2018－06－01）［2022－06－25］. https://baijiahao.baidu.com/s?id=16020857829 42353231&wfr=spider&for=pc.

② 姜舒. 欧盟日本完成自贸协议谈判 将打造世界最大开放经济区［N/OL］.（2017－12－11）［2022－06－25］. http://japan.people.com.cn/n1/2017/1211/c35421－29698225.html.

③ 国际在线. “与保护主义斗争”，日欧签署自贸协议承诺取消99%的关税［N/OL］.（2018－07－18）［2022－06－25］. https://baijiahao.baidu.com/s?id=1606278200804944444&wfr=spider&for=pc.

第三节 单边主义和保护主义进一步抬头

近年来，逆全球化思潮在全球迅速兴起。继英国脱欧之后，原本是全球化主要推手的美国摇身一变，成为逆全球化的领头羊。奉行“美国优先”的特朗普当选美国总统后又立即宣布退出 TPP，甚至威胁要退出 WTO。在欧洲大陆，强烈抵制全球化的右翼政党在法国、德国等主要国家纷纷崛起，欧盟面临解体的风险。此外，美欧之间曾积极推动的 TTIP 谈判事实上已经终止，部分发展中国家也出现了对经济全球化的质疑和反对声浪。原本只是作为非主流而存在的保护主义、民粹主义、孤立主义、保守主义思潮在全球迅速兴起，并冲击着国际政治和经济格局，一向被视为“政治正确”的经济全球化正遭受着有史以来最为严重的信任危机。

逆全球化思潮的兴起与全球化对世界各国，特别是发达国家内部带来的利益不平衡不无关系。全球化的迅速发展，导致了发达国家内部的利益分化，精英阶层变得更加富有，而中下阶层则由于传统产业向发展中国家的转移而变得贫困或被边缘化。加之全球化带来的移民问题、身份认同问题、国土安全问题，以及对中国、印度等新兴国家迅速崛起的担心，以美国为首的发达国家开始反思全球化的正当性，以“美国优先”为执政理念的特朗普上台正是逆全球化思潮的产物。

如今，逆全球化思潮愈演愈烈，单边主义和保护主义呈抬头之势。部分发达国家为了维护自身大国地位，以及在国际事务中的主导地位，进一步遏制发展中国家和新兴经济体的崛起，并试图绕开既有的多边立法框架，转而将其国内法适用于国际争端，开始推行一系列的单边主义和保护主义政策。

一、美国单边主义和保护主义显而易见

特朗普“意外”当选美国总统后，美国的国内外政策发生了重大转变。美国由国际多边主义和自由贸易体系的倡议者和领导者变身为单边主义和保守主义的急先锋。除了退出 TPP 和威胁退出 WTO 甚至联合国之外，[①] 特朗普又相继宣布退出《巴黎协定》和联合国教科文组织。事实上，由于 WTO 多哈回合谈判陷入困境，美国早在奥巴马时期便试图在 WTO 框架之外建立更易由其主导或控制的复边（小多边）机制，奥巴马政府积极推动 TPP 和 TTIP 等区域性自由贸易协定的达成正是遵循这一思路的结果。然而，特朗普政府对这种由多边转向复边的安排仍不满意，他们更希望从多边直接转向双边，采取“一对一谈判”的方式建立新的“真正的自由贸易体制”。在对外政策上，美国也明显趋于保守和“排外”。特朗普执政后一再强调“美国优先”，并将战略重心由国际移向国内。如要求“雇美国人，买美国货”，收紧移民政策，强推“禁穆令”，修建美墨边境墙等。在经贸政策上，为重振美国制造业，对内大幅减税并放松对传统能源产业的限制，对外则采用贸易保护主义手段，威胁将对中国、墨西哥产品分别征收 45% 和 35% 的惩罚性关税，并指控中国、日本、德国等国操纵汇率。2018 年年底，特朗普政府在“建墙”问题上与民主党发生争执，其为争取 57 亿美元的建墙费用不惜以“政府关门”相逼，并创下美国政府有史以来连续关门 34 天的新纪录。这表明美国特朗普政府在推动逆全球化行动上态度坚

---

① SILVA C. Leave The UN? Palin tells Trump to make it happen［N/OL］. International Business Times.［2016 – 12 – 31］. http：//www. ibtimes. com/leave – united – nations – sarah – palin – tells – donald – trump – make – it – happen – 2468025.

决，且敢于不按常理出牌。2019 年，美国将中国商品的加征关税规模扩大到了 2500 亿美元，还不断借助“国家安全”的幌子对中国企业设置各种禁令和市场准入门槛。与此同时，美国还通过给予国内企业各种税收和政策优惠的方式吸引企业回归国内，并取消了基于普惠制度给予印度的贸易待遇。①

综上可见，逆全球化思潮下，一些美国政客在“美国优先”的旗号下奉行单边主义。一方面，美国藐视多边规则和多边贸易体制，公开反对全球化。而单边主义的实质就是“去全球化”或“反全球化”，背后其实就是霸权主义。另一方面，美国不断适用国内法以解决国际问题或者其他国家的国内问题，并采取蛮横的单边主义政策来限制和打压其他国家，使得国际贸易冲突不断。在知识产权领域，主要表现为频繁利用“337 调查”和“特别 301 条款”等规则启动单边调查、采取知识产权制裁措施等。

（一）“337 调查”不断扩张

“337 调查”是美国以知识产权为名实行贸易保护的重要手段之一，即利用“337 调查”对威胁其国内产业的贸易行为进行管辖。“337 调查”不断扩张和变化的趋势反映了美国对国内产业的保护主义倾向上升。

所谓“337 调查”是指根据美国《1930 年关税法》第 337 节的规定，美国国际贸易委员会（International Trade Commission，ITC）可以对侵犯美国利益的知识产权侵权行为和其他不正当竞争行为开展调查。“337 调查”正是美国国内产业保护自己不受外国公司不公平竞争的有力工具，“337 调查”往年的数据显示，

---

① 张刚生，严洁．论美欧发达地区的逆全球化现象［J］．国际观察，2020（2）：124－156.

多数“337 调查”均是由美国公司发起的。

此外，“337 调查”还很容易受到总统的影响。虽然 ITC 是一个独立的、跨党派的机构，而且“337 调查”主要由 ITC 的行政法官主持，但是 ITC 的做法难免会受到当任总统的影响。首先，总统有权任命 ITC 的成员。像特朗普任职期间就有权任命几个新的委员，而新任命的委员很可能支持特朗普的贸易保护政策;① 其次，总统有权撤销 ITC 作出的相关命令。虽然“337 条款”是为了保护国内产业而制定的，但它已经越来越多地被拥有美国知识产权的外国公司所使用，在此情况下，总统就可能会利用他的否决权来支持国内产业；最后，总统可以凭借其自身的地位和能力来影响 ITC 裁决的作出，如其可以亲自作证、提交证词等。如果现任总统具有强烈的贸易保护主义倾向，那么 ITC 作为一个行政机构，其立场与现任政府的立场一致也并不奇怪。②

1. 案件数量大幅增长

如图 2 - 1 所示，可以看到 2012—2021 年，ITC 受理的“337 调查”立案数量总体上呈现波动上升的态势。尤其 2016 年，“337 调查”立案数量有大幅度的增长，超过了过去四年的立案数量，2017 年“337 调查”立案数量高达 59 件。③

---

① 曹晓慧. 美国“337 调查”的新趋势及我国的应对措施［J］. 情报杂志，2018，37（2）：30 - 36.

② HICKERSON D A，HUSISIAN G. Section 337 and new Trump administration：your top ten questions answered［EB/OL］.（2017 - 05 - 03）［2022 - 06 - 15］. https//www. natlawreview. com/article/section - 337 - and - new - trump - administration - your - top - ten - questions - answered.

③ 冉瑞雪. 2021 年度中国企业应诉美国 337 调查综述［EB/OL］.（2022 - 05 - 16）［2022 - 06 - 15］. https：//mp. weixin. qq. com/s/rwAMXAiefzpk5XeJO - lwqg.

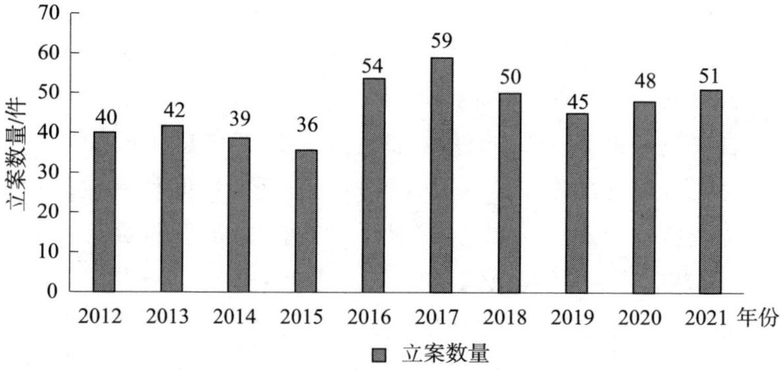

图 2-1　2012—2021 年“337 调查”的立案数量

“337 调查”立案数量大幅增长的原因主要有四点：第一，在专利诉讼中，地方法院可能会因为需要等待专利审判和上诉委员会（Patent Trial and Appeal Board，PTAB）的裁决而暂停现有的程序，而“337 调查”则不然，ITC 通常不会因为 PTAB 而暂停调查，这使得“337 调查”与地方法院的专利诉讼相比更有吸引力。可以作为例证的是，在 2016 年“337 调查”立案数量大幅增长的同时，地区法院的专利案件比 2015 年减少了约 20%（从 5772 件到 4587 件）。[①] 第二，在 2015 年 8 月 10 日，美国联邦巡回上诉法院全席审理了施普玛（Suprema Inc. v. ITC）一案，该案将引诱侵权归入“337 调查”的管辖范围，从而扩大了“337 调查”的管辖范围。第三，通过“337 调查”作出的救济命令可以阻止国外的商品继续进入美国市场，但是由地方法院作出的相关禁令则无法起到类似的作用，因为法院作出的命令必须符合“Ebay 标准”，包括无法弥补的伤害以及法律上的补救措施不足以弥补损失等。第四，ITC 对不具有美国专利法第 101 条可

① 曹晓慧. 美国“337 调查”的新趋势及我国的应对措施［J］. 情报杂志，2018，37（2）：30-36.

专利性抗辩的消极态度也是“337 调查”数量大幅增长的原因之一。在 2016 年之前，ITC 很少会因为不具备美国专利法第 101 条规定的“可专利性”而判定专利无效，这与联邦法院的态度形成鲜明的对比。除此之外，“337 调查”16 个月内结案的高效率也使得“337 调查”更具有吸引力。

2. 管辖范围逐步扩大

近年来，“337 调查”的不断扩大还体现在其管辖范围方面。

其一，“337 调查”扩张了对“进口物品”这一词语的解释。根据 ITC 在 2014 年 4 月 3 日对 337 - TA - 833 号案件作出的裁决，其确认互联网传输的电子信息可以被视作进口的“物品”(article)，属于“337 调查”的管辖范围。在该调查中，被调查人 Clear Correct Operating 公司将美国牙科医生对牙齿正畸的测量结果在巴基斯坦分公司进行处理以得出牙齿矫正设置的 3D 打印模型，然后再把打印模型电子传输到美国进行 3D 打印。原告认为被调查人通过互联网传输数据用于制造侵权牙齿矫正设置的行为属于 337 条款中的“进口物品”，ITC 最终也支持了这一观点。ITC 认为对“进口物品”的解释需要根据条款制定的基本目的来看，即为了阻止不公平的进口行为，确保对知识产权的保护，所以应当对条款当中的“article”一词做宽泛解释。虽然该裁定后续被推翻，但是此案件的判定显示了“337 调查”中对相关名词界定进行扩张解释的趋势，这也表明了美国不断扩张适用“337 调查”的意图。

其二，“337 调查”确定了对引诱侵权的管辖。原本认为 ITC 只能够对已经进口的物品有管辖权，但在 337 - TA - 720 调查中，被调查人施普玛公司制造生产指纹扫描设备，该扫描设备必须与特定软件结合才能使用，Mentalix 公司进口了该设备后将其与特定软件相结合并进行销售。调查请求人 Cross Match 公司认为 Mentalix 公司的行为侵犯了其方法专利，而施普玛公司在明知自己的设备和产品可能会导致专利侵权的情形下，依然选择将该设备进口到国内，这种行为构成诱导侵权。ITC 支持了 Cross Match 公司的请求。2013 年 12 月 13 日，美国联邦巡回法院作出小组判决，推翻了 ITC 的裁定，认为“337 调查”的管辖范围不包括在进口时不构成专利侵权的设备。2015 年 8 月 10 日，上诉法院重新审理了此案，确认 ITC 有权在诱导侵权的情况下发布相关禁令。该案消除了关于方法专利（通常只在商品进口后才会被侵犯）在 ITC 是否可执行的重大不确定性，将“337 调查”的管辖范围扩大到了诱导侵权。

其三，“337 调查”延伸了对商业秘密的管辖权。早在 2011 年“天瑞”一案中，美国联邦巡回上诉法院就确定了 ITC 对美国境外的商业秘密侵权具有管辖权。[①] 该案的判决理由为“允许 ITC 调查部分境外行为并基于境外行为提供救济，因为它有必要保护国内产业免受来自国内市场不公平竞争的伤害”[②]。在该案后，只要商业秘密的窃取行为导致了进口产品对美国国内产业的伤害，美国国内的公司便开始向 ITC 寻求救济。2012 年，ITC 根据美国圣莱科特（SI Group）公司提出的请求，裁定被调查者华奇（Sino Legend）公司实施了侵犯商业秘密的行为，对美国国内的橡胶树脂产业造成了足够的伤害和威胁，并发布了为期 10 年的有限排除令。尽管华奇公司之后提出了上诉，也向美国联邦最高法院提交了请愿书，但是美国联邦最高法院最终并没有支持华奇公司的请求，这也意味着法院再次确认了 ITC 对侵犯商业秘密行为的管辖权。无独有偶，在 2016 年美国钢铁案（337 – TA – 1002）中，美国钢铁公司也提出了在中国境内发生的商业秘密窃

---

① 曹晓慧. 美国“337 调查”的新趋势及我国的应对措施［J］. 情报杂志，2018，37（2）：30 – 36.

② TianRui Group Co. v. International Trade Commission，661 F. 3d 1322，（Fed. Cir. 2011）.

取的指控，虽然最后美国钢铁公司撤回了这一指控，但 ITC 立案调查的行为也表明了其态度，即 ITC 对侵犯商业秘密窃取行为享有管辖权。

其四，“337 调查”针对“不公平行为”的案件增加。尽管大多数由 ITC 发起的调查是与专利侵权有关的案件，但 337 条款的适用范围为所有侵犯美国产业的不公平行为。近些年来，“337 调查”涉及的非专利侵权行为越来越多。在 337 - TA - 976 号调查中，被调查者虚假宣传了进口到美国的纺织面料和产品的线数和密度，ITC 便以虚假广告为由判定被调查者的行为违反了 337 条款。在 337 - TA - 1013 号调查中，调查请求人在市场上销售唯一由美国食品药品监督管理局（Food and Drug Administration，FDA）批准的产品，其竞争对手生产了一种没有经过 FDA 批准的相关产品，还出口到了美国。ITC 对进口未经 FDA 批准的药品这一行为发起了“337 调查”，虽然当事人双方在听证会之前进行了和解，但是也充分说明 ITC 认为进口未经 FDA 批准的药品属于“337 调查”的范围。在 337 - TA - 1002 号调查中，请求人提出了有关价格操控等三方面的指控。在价格操纵方面，ITC 在此之前只在 1978 年发布了一项基于反垄断的排除令，并最终在总统审查阶段取消了该排除令。虽然 ITC 行政法官驳回了美国钢铁公司提出的反垄断索赔诉求，但是 ITC 目前正在对这一裁定进行复审，一旦 ITC 推翻了行政法官的决定，则表明 ITC 将会广泛管辖任何类型的不公平行为，即使调查请求不符合在联邦地区法院提起诉讼的所有要求。①

综上，可以看出“337 调查”一直在寻求多方面的管辖适用。当然，不断扩张的“337 调查”也反映了美国日趋明显的贸易保护主义和单边主义倾向。

---

① 曹晓慧. 美国“337 调查”的新趋势及我国的应对措施［J］. 情报杂志，2018，37（2）：30 - 36.

3. 程序适用出现变化

“337 调查”的程序适用出现变化，这主要体现在增加使用“百日程序”和同意公开听证会的请求等。

一方面，在 ITC 2017—2018 年的战略计划中，设定了“作出合理的、客观的、及时的调查决定”这一战略目标，并称为实现这一目标，有必要对“337 调查”的程序进行改革。① 在 ITC 2018—2019 年的战略计划中，也仍然保留了此战略目标，并着重提及了“百日程序”项目。该项目旨在降低调查的平均时间，提高调查效率。同时，该战略计划还表示收到了许多关于“百日程序”的建议，在 2017 年和 2018 年将会选择性地实施以缩短“337 调查”的平均时间。此外，ITC 2018—2019 年的战略计划提出将继续评估“百日程序”的有效性，并考虑是否应该使用其他标准来评估该方案。

另一方面，2016 年 11 月 17 日，ITC 举行了自 2007 年 337 - TA - 543 号调查以来的第一次公开听证会，听取了 337 - TA - 951 一案当事人的意见。听证会对公众公开进行，在听证会后，ITC 发布了最终决定，裁定被调查人的行为违反了“337 条款”，并发布了有限排除令。“337 调查”的许多当事人担心，ITC 对行政法官的裁决进行复审是不透明的，难以进行监督和保证公平，这次口头听证将会提高复审过程的透明度。在十年来首次举行公开听证会后数日，ITC 委员会又批准了另一项公开听证会的请求。在 337 - TA - 1002 号调查（“美国钢铁案”）中，ITC 行政法官于 2016 年 12 月 14 日宣布终止反垄断调查，原告美国钢铁公司提交复审请求并请求举行公开听证会，2016 年 12 月 19 日 ITC 委员会同意了美国钢铁公司的请求。这一举动一定程度上表

① Annual Performance Plan, FY 2017 - 2018 and Annual Performance Report, FY 2016. https://www.usitc.gov/documents/usitc_2017 - 2Pe018_app_and_2016_apr_final.pdf.

明 ITC 委员会在涉及微妙的法律问题时接受以公开听证会的方式进行处理。2016 年 4 月 20 日，ITC 就 337 – TA – 1002 号调查中的反垄断问题举行了公开听证会，公开听证会的内容集中于基于“337 条款”提起的反垄断调查是否需要满足在美国联邦法院提起反垄断诉讼的起诉要求。

在近十年没有举行过公开听证的情况下，ITC 在短短几个月内就同意了两项公开听证的请求，这表明 ITC 正逐步接受公开听证程序的适用，至少在涉及微妙的法律问题时，比如诱导侵权的判定、“疏忽”是否是“337 调查”的抗辩理由和在“337 调查”中提起反垄断请求是否需要满足在联邦法院提起反垄断诉讼的所有要求等。虽然 ITC 2018—2019 年和 ITC 2017—2018 年的战略计划中还没有公开听证的相关内容，但是为了提高调查的透明度、实现战略目标，公开听证程序将会被更多地适用。

（二）“301 调查”频繁启动

启动“301 调查”是美国贸易保护主义抬头的又一表现，从程序上而言，美国完全抛开 WTO 争端解决机制，显示出美国在贸易争端的处理上开始回归单边主义。

1. “301 调查”的基本由来

“301 调查”源自美国“301 条款”，有广义和狭义之分。狭义概念即指“一般 301 条款”，对应美国《1974 年贸易法》第 301 节的 301—310 条款。根据此节规定，当他国否定美国根据贸易协定应享有的权利，或者他国的法律、政策或做法违反了贸易协定，不公正或不合理且对美国的商业造成负担或限制时，美国贸易代表可以自行或根据总统指示对此展开调查和磋商并采取单方贸易制裁或报复措施，据此启动的调查称为“一般 301 调查”。广义概念上来说，指的是《1988 年综合贸易与竞争法》第 1301—1310 节的相关内容。“特别 301 条款”是专门针对知识产权问题设定的特别条款。美国贸易代表办公室据此条款启动的调查为

"特别301调查"。"特别301调查"会公布"重点不公平贸易做法"和"贸易开放重点国家名单",美国贸易代表办公室据此与"重点国家"进行谈判,使其他国家弥补美国的贸易损失或者消除不公平的做法。"一般301调查"的调查范围较为宽泛,而"特别301调查"则专门针对知识产权保护,二者的关系类似于一般条款和特别条款下的两种调查。

2. "301调查"的总体情况

美国多次运用"301条款"发起"301调查"来打压他国和地区,无论是欧盟、日本、加拿大等发达国家和地区,还是中国、印度、巴西、乌拉圭等发展中国家均遭受过"301调查"。此外,加拿大、韩国、巴西等国家和中国台湾地区都是美国"301调查"的经常性对象。

从发生时间来看,美国"301调查"主要集中于20世纪的80年代到90年代。进入20世纪之后,"301调查"的数量显著减少,美国多借助WTO下的争端解决机制来处理贸易问题。这是因为1998年欧盟不满美国利用"301调查"处理争端的单边主义做法,将美国诉到了WTO。最后,虽然DSU专家组最终裁定美国"301调查"与WTO争端解决机制"并非不一致",但同时强调,这一结论仅当美国遵守其对WTO争端解决机制的承诺和保证时才成立。①

3. "301调查"的典型案例

逆全球化思潮下,美国利用"301调查"实现其单边主义政策的典型案例便是中美贸易摩擦。2018年中美之间爆发的贸易战引起了全球各方的高度关注,其导火索便是2017年8月美国政府对我国发起的"301调查"。调查结束后,美国对我国采取

① 吴伟. 世界贸易组织"301条款"案评析:1998年欧共体与美国关于美国《1974年贸易法》第301-310节的争端案[J]. 对外经贸实务,2008(1):33-35.

大规模的制裁措施，加征关税便是措施之一。①

在 2017 年之前，美国历史上曾经对中国发起过 5 次“301 调查”，其中 3 次与知识产权相关，即基于“特别 301 条款”对中国知识产权现状展开调查。在这 3 次调查中，美国均公布了贸易制裁初步清单，但经过双方的艰苦谈判，几乎都是在期限的最后几小时内达成知识产权协议，从而避免了贸易战的发生。基于这 3 次调查达成的协议，中国对《专利法》《著作权法》等知识产权法律法规进行了修改，并加强了知识产权执法。除了知识产权调查，美国还曾于 1991 年 10 月以及 2010 年 10 月依据“一般 301 条款”分别就中国的市场准入问题和中国在新能源领域的补贴政策发起“一般 301 调查”，但这两次调查最后均以双方达成和解而告终。②

然而，美国 2017 年“301 调查”的背景不同于从前，它是逆全球化风潮兴起以来美国重拾“301 大棒”的首秀，也是特朗普上台后发起的第一次“301 调查”，加之其他因素的影响，美国政府对于此次调查的内容和处理手法与此前的历次对华“301 调查”相比有诸多不同。

其一，本次调查虽以知识产权为名，但目标不止于此。本次“301 调查”虽然主要针对的是知识产权问题，但与美国之前对我国进行的 3 次知识产权“301 调查”相比有所不同。在 1991 年、1994 年和 1996 年实施的 3 次知识产权调查中，美国均是依据“特别 301 条款”发起，其起因均是中国当年被美国《特别 301 报告》列为“重点国家”。一旦被列入“重点国家”名单，

---

① 詹映．逆全球化背景下美国对华“301 调查”的不同寻常之处［J］．陕西师范大学学报（哲学社会科学版），2019，48（1）：77－83.

② ZACHARY H. The old sheriff and the vigilante：World Trade Organization dispute settlement and Section 301 investigations into intellectual property disputes［EB/OL］.（2018－01－25）［2022－06－30］. https：//papers. ssrn. com/sol3/papers. cfm?abstract_id＝3109842.

就会被美国贸易代表展开调查。① 因此，前3次对华知识产权调查均是因《特别301报告》将中国确定为“重点国家”而触发，但本次调查却并非如此。在2017年度的《特别301报告》中，中国并未被列为“重点国家”，只是被列入“重点观察国家”名单。事实上，本次调查是特朗普总统根据“一般301条款”，具体为《1974年贸易法》第301条（b）款（2）项的规定，行使总统权力“特别指示”美国贸易代表主动发起的，性质上属于“一般301调查”。因此，本次调查程序将遵循“一般301调查”的规定，贸易代表作出裁定的期限为12个月。相比之下，“特别301调查”的调查期限通常更短，贸易代表须在6个月内或9个月内作出裁定而且不能延迟采取措施（“一般301调查”调查期限可延迟180天）。1991年、1994年和1996年对我国实施的3次知识产权调查，其实际调查时间分别仅为9个月、8个月和2个月。在调查的内容上，本次调查也与前3次不同，不再局限于知识产权保护的问题，而是将调查的领域扩展到了与知识产权相关的内容。在美国贸易代表办公室关于此次调查的公告所列举的4项重点关注问题中，前两项与美国2017年度《特别301报告》关于中国知识产权保护现存问题的内容相吻合，均是针对所谓中国强迫美国公司向中国企业转移技术和知识产权，或者削弱美国公司对其知识产权的控制能力。但是，公告中列举的后两项重点关注问题却并未出现在2017年度《特别301报告》中，这两项重点关注问题都是针对中国政府的行为，包括是否指导或不正当地促使中国公司系统地投资或并购美国公司资产以获取尖端技术和知识产权，以及是否主导或支持针对美国商业电脑系统的非法入侵或对知识产权、商业秘密的网络盗窃。在此次“301调查”结论报告中，多次提及《中国制造2025》计划和中国国家中长

① 杨美荣．美对华重启“301条款”的原因及其影响［J］．河北企业，2018（4）：66－67．

期科技发展规划，这些问题并非传统的知识产权保护问题，显示出美国此次调查的真实目标并非只是知识产权议题，其更在意的是中国的未来科技竞争实力。

其二，美国特朗普政府较前5次对华“301调查”时期态度更为强硬。与前5次对华“301调查”相比，此次调查的另一特别之处是当任美国政府对华态度比之前更为强硬，可以说是自20世纪70年代中美恢复建交以来绝无仅有的。2017年12月18日，美国政府发布《国家安全战略报告》，这是特朗普上台后首次发布的安全战略报告。报告33次提及中国，将中国与俄罗斯一并列为“试图侵蚀美国安全和繁荣的修正主义国家”，视作威胁美国国家安全利益的“三大挑战”之一。[①] 报告对中国的关系定位已从奥巴马时期的“战略伙伴”变成了“战略竞争者”。可以看出，特朗普政府已毫不掩饰地将中国当作头号竞争对手和威胁看待。因此，美国发动此次调查的动机似乎不仅是针对经贸问题那么简单，其背后含有全面遏制中国崛起的意味。喜欢“推特治国”的特朗普从2011年开始就在推特上发表了不少敌视中国的言论。例如，他说：“中国是我们的敌人——他们想毁掉我们”；“中国不是盟友，而是我国最大的威胁和对手。”[②] 特朗普在总统竞选期间，更是将矛头对准中国，指责中国“偷走了”美国人的工作，并称中国是“这个星球上最大的汇率操纵国”。

除特朗普之外，构成美国贸易政策“铁三角”的特朗普政府中的三位主要官员也都对中国持强硬态度。负责这次“301调查”的美国贸易代表莱特希泽是著名的贸易鹰派代表，他在里根执政时期就曾担任过美国副贸易代表，任职期间曾处理过数十起与其他国家的贸易争端，他因对日本钢铁和汽车产业成功发起

---

① 黄永富. 美国最新《国家安全战略》对华政策简析［J］. 中国发展观察，2018（7）：41－44.

② 熊洁. 美国的“王牌”：《特别301报告》［J］. 中国投资，2018（7）：77－79.

“301 调查”赢得贸易战、迫使日本签署“广场协议”而成名，有“钢铁战士”之称。莱特希泽一向对华态度强硬。早在 1999 年，莱特希泽就曾在《纽约时报》撰文，称中国加入 WTO 对美国来说是威胁。[①] 2010 年，他在国会作证时还呼吁要“更为强硬地”对待中国。[②] 特朗普团队中主管贸易政策的另一位重要人物，商务部部长罗斯（Wilbur Ross）在上任以后一改以前较为亲华的态度，多次批评中国。2017 年 8 月 15 日，即特朗普指示美国贸易代表对华发起“301 调查”的第二天，他在英国《金融时报》撰写专稿指责中国，称美国的专利制度及其保护的美国天才正遭受中国的猛烈进攻。[③] 担任白宫国家贸易委员会主任的纳瓦罗（Peter Navarro）是美国知名的“对华鹰派”和全球化反对者，他曾出版《即将到来的中国战争》和《致命中国》，并导演纪录片《被中国杀死》，可以说对中国深怀敌意。可见，无论是特朗普本人还是其主要幕僚对华态度都极为强硬，使得双方很难像前几次“301 调查”那样诚意协商并在谈判最后期限前达成妥协。

其三，此次“301 调查”实为美国对华组合拳之一。此次调查的另一特别之处在于，它是美国特朗普政府上台以来为兑现竞选承诺密集出招的行动之一，也是针对中国的系列组合拳之一。按照中国加入 WTO 的协定，中国可以在规定年限达到之后自动获得应有的市场经济地位，然而，美国和欧盟、日本都打算“赖账”，一致反对承认中国的市场经济地位。这将使中国在他国发起的反倾销调查中处于十分不利的地位。特朗普使出更猛的一招

① 靳也.“301 条款”在 WTO 多边体制外的复苏：基于美国对华贸易调查的法律分析 [J]. 南昌大学学报（人文社会科学版），2018，49（1）：77－83.

② 易继明，李春晖. 美对华启动 301 调查与我国的应对措施 [J]. 西北大学学报（哲学社会科学版），2018，48（1）：65－81.

③ 周雷，秦菲，杨帆. 股权众筹融资与大学生创业的契合性研究：基于 21 家江苏省创业企业和 301 位投资者的问卷调查 [J]. 金融理论探索，2018（1）：1－7.

是减税。2017 年 12 月 3 日，美国参议院通过了特朗普税改方案。美国的公司税率将从 35% 下调为 20%，个人所得税率也明显下调。这是 30 多年以来对美国税法最大的一次调整。减税将刺激在华的美国资本回流，还会吸引中国国内资本外流，对中国制造业和金融稳定构成新的压力。此外，2017 年 11 月 28 日，美国商务部还公开表示要对中国的通用铝合金板发起“双反调查”（反倾销、反补贴调查）。美方这次双反调查不是基于国内产业申请，而是由政府机关主动发起，这也是第一件由美国政府机构主动发起的贸易调查，这在国际贸易中是非常少见的情形。① 更加值得注意的是，2018 年 4 月美国突然封杀中兴通讯，2018 年 12 月又通过加拿大拘捕华为公司 CFO 孟晚舟，上述行动明显是将中国创新龙头企业直接作为打击目标。

可见，此次“301 调查”并非美国的孤立行动，而是对华系列组合拳之一。我们在判断和应对时需要将其和美国贸易组合拳中的其他行动相关联，甚至与贸易之外的其他议题相联系，如南海问题、朝核危机等。

（三）《特别 301 报告》频频发布

《特别 301 报告》起源于 1974 年《美国贸易法》第 301 条款的规定。根据该条款，美国可以全面评价与美有贸易关系的国家的知识产权保护和执法情况，并视程度将其列入“306 条款监督国”“优先国”“优先观察国”或“观察国”名单，目的是通过曝光未能为美国知识产权提供充分有效知识产权保护的国家，督促其采取相应措施，保护美国知识产权权利人的利益。②《特别 301 报告》是美国推行单边主义的常用工具，通过与长臂管辖相

① 任靓. 特朗普贸易政策与美对华“301”调查［J］. 国际贸易问题，2017（12）：153 - 165.

② 部宙翔，江庆莹，莫凡. 美国 2020 年《特别 301 报告》的影响及对策分析［J］. 中国发明与专利，2020，17（12）：97 - 102.

配合，以达到美国实行单边主义政策的目的。美国通过单方面设定标准、发布报告、解释与评判贸易伙伴国家（地区）的方式，以极具主观性和倾向性的态度单方面评价各国（地区）的知识产权发展状况，并利用自身在国际贸易中的强大影响力威慑贸易伙伴，以进一步巩固其在知识产权领域与贸易投资领域的优势地位。

1.《特别301报告》缺乏客观性和公正性

对于《特别301报告》，应当理性看待，美国指出的部分问题确实存在，具有一定的参考价值，但某些指责仍缺乏客观标准和公正性。

近30年来，《特别301报告》一直是以促进美国就业和经济增长为核心，以维护在海外的美国知识产权权利人利益为目的。美国贸易代表莱特希泽在一份声明中说："这份报告向我们的贸易伙伴发出了一个明确的信号，即保护美国人的知识产权是特朗普政府的头等大事。"[①] 作为NAFTA伙伴国的加拿大，在2017年《特别301报告》观察国名单中。负责发布《特别301报告》的美国贸易代表办公室曾表示，美国创新者面临着很多挑战，例如，加拿大的限制性专利授予标准，以及关于"前景原则"的不确定性。美国贸易代表办公室还强调加拿大最高法院（SCC）即将有机会通过判例法明确该原则。而2017年加拿大法院相继发布3项判决，确实明确了"前景原则"，强化了加拿大知识产权保护，加拿大曾一度被认为有可能从2018年《特别301报告》观察国名单中移除，但美国在当年的《特别301报告》中仍单方面地认为其在打击假冒商品方面的力度不足，并将其从观察国名单"降级"到优先观察名单之中。可以看出，就算有关国家在

① 参考消息. 中国被美"特别301报告"列为重点 中方：美方罔顾事实［EB/OL］.（2022-05-16）［2022-06-15］. http://www.cankaoxiaoxi.com/china/20180429/2265116.shtml.

知识产权保护方面作出了符合美国所期望的努力，但是只要其保护方式和执法力度未能使美国“满意”，美国就将其列入“优先观察”名单，并以此维护其在海外知识产权方面的国家利益。

从《特别 301 报告》中的具体内容进行分析，也足以证明由美国单方面发布的报告一直缺乏足够客观公正的立场，始终以美国自身利益为核心，一味地指责他国，完全不考虑其他国家的经济发展水平和知识产权保护能力，意欲牺牲他国正当权益来维护自身霸主地位。[①] 例如，《特别 301 报告》中经常使用“利益相关方”“权利持有人”等类似表述，但是在报告正文，并未标明信息来源和具体内容。又如，《特别 301 报告》曾经在提及北京知识产权上诉程序的障碍时，指出现有的程序不利于权利人提出上诉，也不利于行政部门反馈信息；还提及现有司法的现状，如司法人员素质不高，司法培训不到位，等等。此类记述过于宽泛，且没有事实依据，使得报告的真实性和客观性难以验证，让人生疑。

总的来说，一方面，《特别 301 报告》以美国法律作为评判他国知识产权保护状况的标准，并未考虑各国的实际情况，具有极强的主观性与片面性。另一方面，《恶名市场报告》也很容易受到美国利益集团的影响，无法保持中立性。具体来说，能够影响美国知识产权政策制定的利益集团主要有四类：一是知识产权联盟，以国际知识产权联盟、国际反假冒联盟为代表；二是商会和劳工组织，以美国商会为代表；三是行业协会，以商业软件联盟为代表；四是与知识产权有关的律师协会，以美国律师协会知识产权部为代表。[②] 这些利益集团可以向美国贸易代表办公室提

---

① 郜宙翔，江庆莹，莫凡．美国 2020 年《特别 301 报告》的影响及对策分析［J］．中国发明与专利，2020，17（12）：97－102．

② 刘恩东．利益集团与美国知识产权政策［J］．国际资料信息，2007（9）：1－6．

出相关的建议书，这些建议也很有可能出现在后续报告的内容当中。[①] 而这些建议本身又很容易带有利益集团自身的利益倾向。所以，我们应当认清《特别301报告》的政治工具性质，理性辩证地来看待。

2.《特别301报告》屡遭质疑

美国《特别301报告》引发了强烈的不满，不仅遭到了美国国内有关组织的抗议，也屡屡受到其他国家和政府的质疑。

观察自1989年以来的报告，可以发现报告涉及的国家越来越多，涉及的议题越来越广。2018年《特别301报告》强调了制药和医疗设备的创新与市场准入，但这一做法引起了美国健康倡导者的抗议。他们认为美国这一做法是“迫使其他国家不公平地提高对美国制药产业权利的保护，并在一定程度上提高药品价格和限制其可及性”。美国贸易代表利用其《特别301报告》迫使其他国家放弃促进健康和获取教育资源的政策，以利于跨国公司获取更多的利益，相关非政府组织认为：“这可能会导致贸易制裁，并在各国与美国的外交和商业关系中作为优先事项一起考虑。”“在制药公司的促使下，美国利用该报告不公平地将印度等国家称为‘发展中国家的药房’，因为其为哥伦比亚、马来西亚和其他国家提供其可负担的优质仿制药，以用于在国际贸易规则允许下合法地改善药品的准入。”美国无国界医生组织（Médecins Sans Frontières，MSF）认为：“这份报告是美国用来迫使其他国家让制药公司轻易获得并持有专利的另一种策略，阻止病人获得更便宜的仿制药品。”[②]

---

① 李伟，余翔．中国知识产权保护强度及其评价：以加入TRIPS协议为中心［J］．科研管理，2014，35（7）：138－146．

② NEW W. USTR IP report sparks outcry among health advocates［EB/OL］．(2018－04－27)［2023－12－15］．https：//healthpolicy－watch. news/ustr－ip－report－sparks－outcry－among－health－advocates/．

除遭到美国国内有关组织的抗议之外，对于每年发布的《特别301报告》，其他国家政府也屡次质疑。2013年，智利外交部曾声明："不承认美国公布的评估各国知识产权保护的《特别301报告》的合法性。"① 2014年，印度曾宣称《特别301报告》是美国实施单边主义政策的工具。印度工商业部部长尼尔马拉·西塔拉曼（Nirmala Sitharaman）发言称："这种做法是一国国内法对其他领土的超范围适用，在整个WTO制度下是站不住脚的。"② 2020年，她再次表示："美国发布的关于知识产权的《特别301报告》是单方面的举动，没有任何国家有权干涉其他国家的主权地位。"③ 我国外交部发言人华春莹也曾于2018年表示："希望美方对此有清醒认识。美方可以对中国的科技发展进步感到担心，但动辄无端指责，借题发挥，这不是作为世界第一大国应有的度量，也是中方不能接受的。"④

由此可见，美国发布《特别301报告》是为了保护本国知识产权国际市场利益，而不考虑其他国家的发展水平和具体国情。如果其他国家的知识产权保护不能满足其自身利益需求，美国就对之进行无端的指责。美国一直利用《特别301报告》作为其贸易谈判的筹码，⑤ 正如美国贸易代表办公室所称："这些国家的

① 冷彤，李丹. 智利表示不承认美国知识产权特别报告［N/OL］.（2013-05-02）［2023-12-02］. https://m.huanqiu.com/article/9CaKrnJAkRJ.

② 李青文，秦建平. 美国2016年《特别301报告》述评［J］. 中国发明与专利，2017，14（3）：61-67.

③ 来源：金融价值网（http://www.taobaoshuake.net/news/202003/03052516.html），最后访问：2022年6月19日。

④ 闫子敏. 外交部发言人谈美拟对华采取限制措施：来而不往非礼也［N/OL］.（2018-03-23）［2022-06-15］. https://baijiahao.baidu.com/s?id=1595729210346133591&wfr=spider&for=pc.

⑤ 李青文，秦建平. 美国2016年《特别301报告》述评［J］. 中国发明与专利，2017，14（3）：61-67.

知识产权问题将成为明年双方紧密合作的主题。"[①] 美国甚至有可能以有关国家未提供有力的知识产权保护为借口采取贸易制裁措施。在此前提下，很难说《特别301报告》公正、合理地评价了其他国家的知识产权保护状况。

（四）《恶名市场报告》屡次公布

美国贸易代表办公室认为，盗版和假冒商品的全球贸易给美国版权所有者和合法企业造成了巨大的经济损失，破坏了美国在创新和创造力方面的关键性比较优势，损害了美国工人的利益，并对消费者的健康和安全构成了重大风险。为了改善这一情况，美国贸易代表办公室于2006年起在《特别301报告》中发布"恶名市场"名单，并于2010年开始将其作为《针对"恶名市场"的不定期报告》（以下简称《恶名市场报告》）单独发布，列举其认定的从事或助长大量假冒或盗版活动的互联网和实体市场，帮助美国市场运营商和政府采取适当的措施来保护知识产权。

《恶名市场报告》是美国经济和政治利益考量的产物。从其性质上看，根据报告对其自身的定位，《恶名市场报告》并非具有法律效力的官方文件，[②] 其内容主要来源于社会公众及美国产业界的意见。虽然美国贸易代表办公室表示，"恶名市场"名单无法完全反映调查的结果，也不能代表被调查国家真实的知识产权情况，但其作为美国官方机构出台的报告，还是暗含着经济和

---

① 来源：凤凰网（http：//news. ifeng. com/a/20180428/57960517_0. shtml），最后访问：2022年6月15日。

② "恶名市场"名单虽出自美国贸易代表办公室，但从性质上说并非正式的官方文件。正如报告中所言，"恶名市场"名单并不旨在反映违法行为的调查结果，也不代表美国政府对名单所涉国家的知识产权保护和执法环境的分析，其主要用以增强公众意识并为采取相应的贸易执法行动提供指引，不能作为美国制定对外政策的依据。

政治利益的考量，体现出其通过此种导向性言论对他国企业和市场“贴标签”的单边主义色彩。

1.《恶名市场报告》的主要内容

《恶名市场报告》一般分为四个部分。一是对《恶名市场报告》的出台进行介绍，并对当年的审查结果做整体概述。二是提出当年报告的焦点问题。例如：2019 年焦点问题为恶意软件和网络盗版；2020 年焦点问题为电子商务及互联网平台在促进假冒及盗版商品进口美国方面的作用；2021 年的焦点问题为假冒活动对参与其产品制造的工人的不利影响。三是肯定过去一年各个国家为打击盗版和假冒所做的努力。四是具体介绍当年确立的“恶名市场”名单。

2.《恶名市场报告》的大致趋势

由图 2－2 可见，除了前几年“恶名市场”名单数量稍有起伏外，自 2015 年起“恶名市场”总量及互联网市场数量都呈持续增加态势，这表明美国长臂管辖的范围不断扩张，其虎视眈眈地监视全球各国经济发展的意图也愈发凸显。

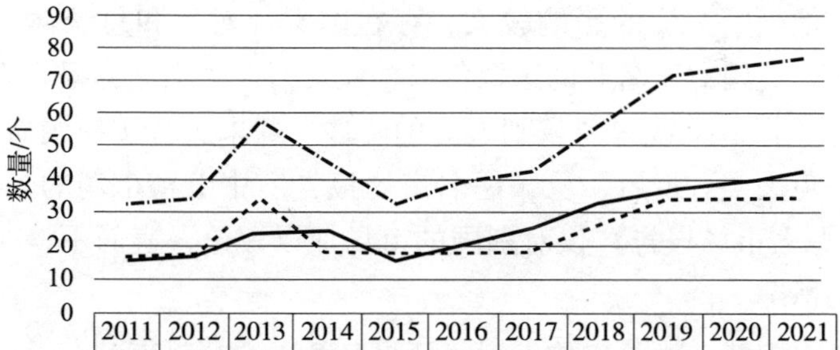

	2011年	2012年	2013年	2014年	2015年	2016年	2017年	2018年	2019年	2020年	2021年
互联网市场	16	17	24	25	16	21	25	33	37	39	42
实体市场	17	17	34	18	17	19	18	25	34	34	35
总计	33	34	58	43	33	40	43	58	71	73	77

图 2－2　2011—2021 年“恶名市场”名单数量

从时间上来看，纵观2011—2021年“恶名市场”名单的相关数据，2021年度“恶名市场”名单列举了77个市场，与2020年的73个、2019年的71个相比呈现上升趋势。从国家类型上看，“恶名市场”名单主要集中于发展中国家。例如，2020年互联网市场中涉及发达国家的仅10家，实体市场中更是仅有加拿大一个发达国家的市场在榜。在实体市场上，虽然发达国家也逐渐被提及，如2017年度《恶名市场报告》实体市场中加拿大、意大利、西班牙等发达国家也被提及，但可以看出，“恶名市场”名单总体还是以发展中国家为主。

3. 对《恶名市场报告》的评析

《恶名市场报告》内容有诸多有失客观之处，应对“恶名市场”名单的性质保持清醒的认识。

首先，报告站在美国相关法律和执法环境的立场，以“美国标准”对全球市场进行分析，缺乏科学的评判体系。其次，“恶名市场”名单并未得到国际社会的认可，其仅代表美国的利益且受到美国当下对其他国家态度的影响，并且报告受到美国总统对其他国家态度的影响较大，存在国家针对性和总统倾向性。再次，美国对于名单的选取仅依据社会公众的意见，报告多依靠某些“报道”或者“权利人”的陈述，并未进行实地调研和分析，未免失实。最后，从《恶名市场报告》中上榜市场的名单上看，《恶名市场报告》仅对别国的市场加以评论，避而不谈本国市场的情况。

因此，恶名市场名单背后自有其经济和政治利益考量，我们应当理性看待。

二、欧洲贸易保护主义暗流涌动

逆全球化思潮下，贸易保护主义进一步挑战自由贸易主义，一些欧洲国家也试图采取贸易保护措施来缓解本国面临的经济危机，维护自身的国际竞争力。例如，德国在 2017 年通过新的法规以加强对外国投资并购行为的管理。政府可以用“公共秩序”作为理由对抗并购行为，而且还进一步降低了可收购股权的比例；法国也于 2019 年颁布数字税的征收政策，规定可以对美国等国家的高科技巨头公司征收一定的数字税；英国也宣布要在本国引入数字税的征收，以确保跨国大型企业依法公平缴税。①

可见，欧洲国家虽然暂时未出现像美国那样显著的单边主义和贸易保护主义现象，但根据现有迹象可以发现，逆全球化思潮下，欧洲国家也开始逐渐向贸易保护主义政策倾斜，即“爬行贸易保护主义”开始显现。② 具体表现为，政府对市场的干预增加，政府通过政策调整的方式以达到对资本和产品的控制；在对外经济贸易方面，欧洲国家也偏向于出台更具防御性的政策，以保护国内企业，促进国内相关产业的发展。

欧洲国家的“爬行贸易保护主义”更加明显地反映在对华贸易防护措施的拟定中。③ 例如，2016 年欧盟以“市场经济地位”问题和钢铁产能过剩问题为借口向中国钢铁产品超幅度征收反倾销税，以阻止中国企业进入欧盟市场，防止对其国内产业造成巨大冲击。④ 同在 2016 年，德国经济部叫停了“中国福建宏芯基金收购陷入亏损的德国半导体设备供应商爱思强”并购行

---

① 张刚生，严洁. 论美欧发达地区的逆全球化现象［J］. 国际观察，2020（2）：124－156.

② ERIXON F, SALLY R. Trade, globalization and emerging protectionism since the crisis［EB/OL］.［2022－05－22］. https://ecipe.org/wp－content/uploads/2014/12/trade－globalisation－and－emerging－protectionism－since－the－crisis.pdf.

③ 郑春荣. 欧盟逆全球化思潮涌动的原因与表现［J］. 国际展望，2017，9（1）：34－51，145－146.

④ 崔洪建. 别让保护主义“扭曲”中欧经贸合作［N/OL］.（2016－11－24）［2022－06－15］. https://epaper.gmw.cn/gmrb/html/2016－11/24/nw.D110000gmrb_20161124_1－12.htm.

为。此前，美的集团收购德国工业机器人巨头库卡也阻碍重重。[①] 欧洲国家对中国企业的投资并购行为频踩刹车，无疑是担心技术不断升级的中国企业会给欧洲企业的国际竞争力带来威胁，因此不断加强对本国企业的贸易保护主义政策。

种种迹象表明，一些从前高举“自由贸易”旗帜的欧洲国家已经逐步滑向贸易保护主义的深渊。

三、新冠疫情下的保护主义和民族主义愈加凸显

2020 年 1 月 31 日，随着新冠疫情在全球蔓延，WHO 将此次疫情列为“国际关注的突发公共卫生事件”。“国际关注的突发公共卫生事件”是根据《国际卫生条例》作出的专门评定，该评定结果充分凸显了此次疫情对全世界人民的健康带来的巨大影响。其中，药品和医疗用具等作为解决疫情的重要工具，其供给和保障将对疫情的控制起到至关重要的作用。[②]

面对国际性的突发公共卫生事件，各国本该齐心协力、共渡难关。然而，在新冠疫情肆虐全球的背景下，以美国为首的发达国家的保护主义和民族主义却愈加凸显，突出表现就是不少国家主张所谓的“健康主权”或者“药品主权”战略。一方面，在新冠疫苗研发和使用的关键时期，一些国家大肆主张“本国优先”的疫苗民族主义。另一方面，“药品主权”战略除了表现为医药物资保护主义之外，还表现为对全球药品供应链的破坏。

---

① 郑春荣．德国经济部叫停收购爱思强，这是德方所希望的“互惠”吗［N/OL］．(2016－10－29)［2022－06－15］．https：//www. thepaper. cn/newsDetail_forward_1551358.

② 王瑞，高婧．国际公共卫生紧急事件的知识产权应对策略：以 2019“新冠肺炎”疫情为例［J］．中国发明与专利，2020，17（3）：79－86.

（一）疫苗民族主义大行其道

自2019年年底新冠疫情暴发以来，全球陷入公共卫生危机，新冠疫苗作为有效防止疫情蔓延的关键手段，成为全球关注的焦点。但新冠疫苗供应在全球呈现出短缺与分配不平衡的问题。根据Our World in Data网站的数据，截至2022年1月2日，全球64%的人口接种了一剂及以上新冠疫苗，全球已给药109.9亿剂，但在低收入国家，这一比例的人口仅有14.4%。[①] 2021年2月19日，致力于解决贫困和可预防疾病的国际非营利组织ONE Campaign发布最新报告称，截至当时，美国、欧盟、英国、澳大利亚、加拿大和日本已经获得了30多亿剂新冠疫苗，比这些国家所有人注射两剂疫苗所需的20.6亿剂还多出了10多亿剂。此举可能导致相对贫穷的国家无法获得足够的疫苗。[②]

究其原因，在疫苗研发和使用的关键时期，一些欧美发达国家不断推卸国际责任，只求自保，对无法依靠自身能力进行防疫的弱国不给予援助，甚至主张"本国优先"的疫苗民族主义，即不考虑疫苗的全球分配政策，单方面实行疫苗的本国垄断，限制疫苗和其他医药物资的出口。例如，在特朗普总统的任期内，美国为了确保本国人优先获得疫苗，不惜搬出《国防生产法》，对疫苗生产原材料实施出口管制，并且动用大量资金，想方设法地从医药企业处获取疫苗，甚至抢购还未最终通过审批投入市场的试验疫苗。拜登总统上任后，延续本国优先的疫苗政策，不顾国际合作和国家互助原则，继续抢购和囤积新冠疫苗。[③] 美国、

① Our World in Data官网［EB/OL］.［2022-03-21］. https://ourworldindata.org/covid-vaccinations.

② 卢迪. 警惕"疫苗民族主义"破坏全球抗疫大局［EB/OL］.［2021-03-25］. https://m.gmw.cn/baijia/2021-03/25/34714205.html.

③ 罗圣荣，赵祺，张新. 新冠疫情下疫苗民族主义的缘起、表现及其影响［J］. 世界民族，2021（5）：1-10.

英国、日本等富裕国家在辉瑞－BioNTech、莫德纳等公司的新型mRNA新冠疫苗完成临床试验之前，就已提前付款，预定数亿剂。而不同国家的疫苗研发能力、生产能力和购买能力不同，这就导致疫苗的流向大致上呈现出向高收入国家倾斜的状况，低收入国家普遍紧缺疫苗。

疫苗民族主义不仅客观上导致了疫苗研发和生产向富裕国家过度集中，而且加剧了疫苗分配的不均衡。全球的疫苗研发和生产长期被少数发达国家所垄断，新冠疫苗也是如此。当疫苗在一些国家开始广泛接种之后，是否接种疫苗以及接种范围大小很大程度上影响着一国的疫情变化。在疫苗获取的问题上，发展中国家与发达国家之间的差距较以往更甚。疫苗的不公平分配使得低收入国家人民的生命健康遭受严重威胁。

（二）全球供应链遭遇严重破坏

来势汹汹的新冠疫情在全球暴发，这让各国深刻认识到全球产业链的脆弱和大流行病的恐怖，也给反全球化主义者送上了新的"炮弹"。新冠疫情对全球供应链造成了严重的负面影响，主要体现在以下几个方面：

第一，新冠疫情造成生产中断。许多国家实施了严格的封锁措施，导致工厂停工，生产活动受阻。特别是在中国等全球制造中心，封锁措施直接影响了全球供应链的上游生产环节，导致全球许多行业面临原材料短缺。新冠疫情期间，欧洲国家率先停航停运，甚至准备将原本投资于亚非等地的医药企业迁回欧洲本土，以便实现其对全球药品生产链条的重新构建。①

第二，新冠疫情使得物流受阻。疫情期间，为了防控病毒传播，许多国家和地区实施了交通限制措施，包括限制国际航班、关闭港口等，这导致了全球物流系统的瘫痪。货物运输时间延

---

① 董涛．新冠疫情下知识产权的危机与未来［J］．知识产权，2020（11）：16－29.

长，运费上涨，严重影响了货物的及时交付。

第三，新冠疫情导致需求波动。疫情导致的经济不确定性使得消费者和企业的需求出现剧烈波动。一方面，对医疗物资、家居用品等的需求激增；另一方面，对汽车、奢侈品等非必需品的需求大幅下降。这种需求的不确定性给供应链的规划和管理带来了巨大挑战。

第四，新冠疫情令供应链重组和成本上升。为了应对疫情带来的挑战，许多企业不得不重新考虑和调整其供应链结构，比如通过多元化供应商来降低风险。这些调整往往伴随着成本的增加。

新冠疫情的暴发暴露了全球供应链的脆弱性，导致一些国家和企业开始重新考虑全球化的利弊，考虑将生产线迁回本土或者转移到更为可靠的国家，这可能会在长期内重塑全球供应链的格局。新冠疫情的大暴发不断刺激着美日欧等国家和地区重新建立新型产业链闭环的想法。为了确保其知识产权输出大国的地位，美日欧等国家和地区重新强调了构建国内新兴产业链条的重要意义。①

综上所述，新冠疫情不仅打乱了全球供应链，还可能会对全球供应链的长期结构和运作方式产生深远影响。全球供应链的被动断裂和主动脱钩是逆全球化破坏性的具体表现之一。② 可以说，在逆全球化本已十分严峻的情势之下，新冠疫情的暴发对全球化进程而言可谓雪上加霜。③

---

① 王阳，姚湜，张璇．疫情“蝴蝶效应”加剧 中国应加速全球产业链角色转型［N/OL］．（2020－03－27）［2022－06－15］．http：//www.cankaoxiaoxi. com/china/20200327/2405933. shtml.

② 蔡昉．中国经济如何置身全球“长期停滞”之外［J］．世界经济与政治，2020（9）：4－22，155.

③ 詹映．试论新形势下我国知识产权战略规划的新思路［J］．中国软科学，2020（8）：1－9.

第三章　逆全球化思潮对知识产权保护水平的影响

第一节　知识共享、盗版党运动的影响

伴随着全球化的发展，知识产权国际保护的水平也不断上升。因此，在反全球化的浪潮中，一直夹杂着反对知识产权强保护的呼声，这在高保护水平的 ACTA 签订后在欧洲引发的大规模游行示威中表现得尤其明显。[①] 在这一背景下，主张弱化知识产权保护，反对版权不断扩张的知识共享和盗版党运动近年来有所兴起，无疑会对知识产权国际保护产生影响。因此，尽管知识共享、盗版党运动并非逆全球化思潮的核心思想，但作为其副产品，笔者认为有必要就它们对知识产权保护水平的影响进行探讨。

一、知识共享运动的影响

知识共享（Creative Commons，CC）运动，是建立在 1983 年美国软件工程师理查德·斯托尔曼发起的开

---

① 詹映.《反假冒贸易协定》（ACTA）的最新进展与未来走向［J］. 国际经贸探索，2014，30（4）：96－108.

源软件运动的理念基础之上，由美国哈佛大学法学院劳伦斯·莱斯格教授为主要领导者于2001年发起的一项运动，旨在“鼓励和帮助作者开放其作品的一般用途”，同时为“社会公众使用作品和进行后续创作提供帮助”。其宗旨是致力于消除知识和创造力共享的法律和技术障碍，以帮助社会克服从气候变化到突发卫生事件等最紧迫的挑战。[①] 它有助于在著作权人与作品使用人之间架设一座沟通的桥梁，从而实现人们的知识共享心愿。[②]

知识共享运动与斯托尔曼倡导的开源软件运动，以及在学术界逐步推广的开放获取运动，并称为共享协议运动。[③] 上述共享协议运动的推行形成一股牵制著作权不断扩张的力量，致力于使社会公众能够在尊重他人版权的前提下更为便利地分享和利用他人的作品，进行后续创作。知识共享运动由2001年成立的“为创意作品提供灵活版权”的非营利性组织——知识共享组织负责推广实施，并通过知识共享组织发布的CC协议进行具体运作。截至2024年1月，已有数百万个网站上存在超过25亿个CC许可的作品，大多数托管在为其用户提供CC许可证选项的内容平台上。[④]经过二十多年的发展，知识共享协议已经发展至4.0版本，并在全世界86个国家和地区适用。CC4.0协议主要包括四种授权要素：署名（BY）、非商业性使用（NC）、禁止演绎（ND）与相同方式共享（SA）。在这四种授权要素的组合下，通常有六种不同的许可证类型，从授权最宽松到最不宽松的顺序分别是：CC BY（署名）；CC BY－SA（署名－相同方式共享）；

① Creative Commons Annual Report（2019）［EB/OL］．［2023－12－05］．https：//wiki. creativecommons. org/images/2/20/CC_AnnualReport_2019. pdf.

② 吴汉东．无形财产权基本问题研究［M］．北京：中国人民大学出版社，2013.

③ 姚鹤徽．数字网络时代著作权保护模式研究［M］．北京：中国人民大学出版社，2018.

④ CC官方网站．SHARE YOUR WORK［EB/OL］．［2023－12－05］．https：//creativecommons. org/share－your－work/.

CC BY－NC（署名－非商业性使用）；CC BY－NC－SA（署名－非商业性使用－相同方式共享）；CC BY－ND（署名－禁止演绎）；CC BY－NC－ND（署名－非商业性使用－禁止演绎）。① 据此，权利人可以根据需要，自由选择其作品对公众开放的程度，即在保留部分权利的情况下授权他人按照 CC 许可条款使用其作品，从而避开侵犯著作权之嫌而获得更多的创作素材，实现类似于使作品进入公共领域的效果。②

整体而言，知识共享运动的形成和发展能够改变知识产权保护水平过高且日益强化的发展态势，在一定程度上导致知识产权保护水平的下降，具体而言包括：知识共享运动有助于改变版权过度保护的问题，防止版权保护水平的不断扩张；适应数字和网络技术的发展，通过强调知识和创新成果的共享，淡化商业利益，遏制私人资本过度逐利。

（一）限制版权保护水平过度扩张

随着技术的发展，著作权在保护客体、保护内容、保护期限等方面不断扩张。进入数字网络时代后，技术保护措施的出现进一步强化了著作权保护。一些学者认为，目前的著作权制度存在过度保护的问题，约束了社会公众参与文化生活与分享科学进步的权利。③ 知识共享运动正是在上述背景下发起的，对版权的强保护趋势表达了忧虑，并希望通过自己的方式对其进行改造。其发起人莱斯格教授认为，目前的版权体系主要存在三个方面的危害：对创作者的束缚、对创新者的制约和对公民的腐化。现如今

---

① CC 官方网站. ABOUT CC LICENSES［EB/OL］.［2023－12－05］. https：//creativecommons. org/share－your－work/cclicenses/.

② 朱钰涛，黄武双. 网络背景下知识共享协议在我国的适用［J］. 人民司法，2020（7）：91－96，101.

③ See Adrienne K. Goss，“Codifying a Commons：Copyright，Copyleft，and the Creative Commons Project”，82 Chi－Kent L. Reu. 963，970.

人们正在丧失创造机会，有创意的人们受到限制，不能表达自己的想法，思想被禁锢。就算仍有创意作品问世，也不能被广泛传播，除非律师声明著作权问题不存在疑问。[①] 当前，著作权市场存在交易成本过高的问题，一些使用人无法或不敢使用他人作品。创作者在使用在线作品时存在很大顾虑，即便是创作者对他人作品的非商业使用，也可能由于商业使用和非商业使用之间模糊的界限而面临著作权侵权风险。这会造成“寒蝉效应”，使作品无法充分发挥其正外部性，进而给社会创新和文化传承带来不利影响。[②] 比如由于海量作品权属状态不明确，个体创作者承担交易成本和法律风险的能力较差，数字网络技术在作品创作和传播方面的优势反而不能有效地发挥，在一定程度上阻碍了后续创作。为此，知识共享运动的推行在一定程度上抵制著作权的扩张，致力于在“保护所有权利”和“不保护任何权利”之间寻求一条人们所需要的中间道路，即“保护一部分权利”。通过 CC 所提供的许可协议，赋予权利人选择权，使其可以自由决定其作品对公众开放的程度，在保留部分权利的情况下授权他人按照 CC 许可条款使用其作品，也使社会公众能够避开侵犯著作权之嫌而获得更多的创作素材。[③] 可以说，知识共享运动依托 CC 协议，将传统著作权体系中偏于单向的输出，在新技术背景下逐渐演变为著作权人与用户之间的双向选择，从而避免知识产权的过强保护带来的信息垄断，维护私人利益与公共利益之间的平衡关系。[④] 知识共享可以逐步扩大知识共有的空间，遏制知识不断私

---

① 莱斯格．免费文化［M］．王师，译．北京：中信出版社，2009.

② 姚鹤徽．数字网络时代著作权保护模式研究［M］．北京：中国人民大学出版社，2018.

③ 邓朝霞．网络版权的公共领域研究：以知识共享协议为例［J］．电子知识产权，2018（12）：35－45.

④ 朱钰涛，黄武双．网络背景下知识共享协议在我国的适用［J］．人民司法，2020（7）：91－96，101.

有以及版权保护水平不断扩张的趋势，减弱著作权强保护趋势给作品使用和传播带来的负面影响，以维持知识生态系统的良性运转，进而使版权保护与信息共享之间保持一定的平衡，实现社会整体效益的最大化。

（二）适应数字网络技术发展，遏制产业资本过度逐利

数字网络技术的发展致使作品的使用和传播方式发生很大变化，随着数字技术和网络技术的存储和传播能力越来越强，互联网成为数字文件传播和交流的主要平台。这一方面使得知识的扩散成本变得越来越低，另一方面也使万众创新成为可能，人人都是创作者，对于资源的非商业利用需求达到空前发达的程度。在此背景下，由于传统的知识产权保护模式不可避免地存在立法滞后和权利法定主义的弊端，在面临层出不穷的新型知识形态和新的作品利用形式时往往有些捉襟见肘，故产生了一系列新技术环境下的版权保护难题。知识共享运动借助知识共享协议，赋予权利人一种传统知识产权保护模式之外的灵活选择，是建立在权利人意思自治基础上的权利行使方式的补充。知识共享运动的产生及发展顺应了数字网络技术的发展潮流，影响并改变传统知识产权保护模式的权利配置和运行方式，灵活调整权利的初始分配，为解决新技术变革下产生的著作权保护难题提供解决路径。综上所述，一方面，知识共享运动的出现能够使权利人通过直接选择应用知识共享许可协议模式，满足自身和社会公众对作品利用方式的多样需求，弥补传统知识产权保护模式之不足；另一方面，知识共享运动能够促进传统版权保护模式向更能适应新技术环境的版权保护新模式进行转变，鼓励传统著作权制度与数字网络技术相结合，从而充分发挥数字网络技术带来的便利和创新潜能，更好促进创新能力的提升和文化的繁荣发展。

此外，在传统著作权体系下，作品的创作和传播大都被纳入市场利益最大化的轨道之中，承担作品创作和传播的主体主要是

拥有资本的企业，换言之，过往实践中著作权的产业化发展使作品的创造和传播更多地受到产业资本的驱动。法人创作、集体创作司空见惯，著作权产业已经形成强大的利益集团，导致大量作品受控于著作权产业主体，深受产业资本的控制。而知识共享运动的产生和发展能够在一定程度上改变仅仅依赖传统著作权保护模式而形成的保护强度高、市场导向性强、过度重视商业利益的局面，改变仅仅通过保护著作权人的权利来维系作品创作和传播的激励机制。① 以共享为原则，淡化商业利益，强调创新的共享性和协作性，弱化著作权保护的强度，CC 运动正是通过上述方式遏制产业资本过度逐利，间接降低整体的知识产权保护水平。

二、盗版党运动的影响

盗版党（Pirate Party），又译为“海盗党”，源于一个提供盗版资源分享的瑞典网站“海盗湾”，是由主张互联网信息自由和免费获取者建立的政治性组织。该组织于 2006 年在瑞典正式成立，在其影响下，全球已有包括德国、法国、美国、日本在内的 69 个国家和地区组建了盗版党，甚至组建了国际性政党组织——盗版党国际（Pirate Parties International，PPI）。② 盗版党的宗旨主要有三项：一是改革版权法；二是废除专利制度；三是尊重个人隐私。盗版党主张从根本上改革现有版权制度，废除专利制度，同时保护个人隐私，要求包括政府行政在内的网络信息公开透明，从而保证公民网络自由，反对以保护社会利益为由限制个人进行网上知识传播及获取网络信息。③ 尽管当前盗版党在政党

---

① 姚鹤徽. 数字网络时代著作权保护模式研究［M］. 北京：中国人民大学出版社，2018.

② 杨志维，李春萌. 互联网数字作品版权规制研究［J］. 创新科技，2018，18（7）：85－89.

③ 黄蕊. 海盗党国际与网络政治的发展［J］. 红旗文稿，2012（23）：35－37.

政治上已经呈现日渐式微的趋势，比如德国盗版党在 2011 年以 8.9% 的得票率进入柏林议会选举，在 149 个议席中占据 15 席之后，其兴盛局面昙花一现——2013 年以后，德国盗版党再也未能跨越 5% 的“选举门槛”而再次进入各级议会。① 但不可否认，盗版党的社会影响仍不可小觑，其活动及发展对知识产权保护水平产生重要影响，即通过挑战既有的知识产权保护模式，对抗不断提升的知识产权保护水平。

（一）挑战既有知识产权保护模式

盗版党认为，现行的版权保护制度已经不再适应数字时代的文化发展，不应再限制知识被自由地用于非商业的创造性工作。盗版党创始人里克·法尔克文奇（Rick Falkvinge）曾表示，许多政治家已经认识到这样一个事实：民众对互联网自由很在意，但大多数主流政治家对此议题却并不十分熟悉。他认为，当前的版权立法已失去平衡，并与时代脱节，它让一代年轻人全都变成法律眼中的罪犯，动辄被强势团体送上法庭并被索要巨额赔偿。在盗版党看来，版权保护已经成为追求自由与进步的最大障碍。现行专利制度也与鼓励创意的立法初衷相差甚远，只有大公司才看重专利制度，小公司则根本不会在意，垄断组织已经占据了太多的利润。② 因此，盗版党主张从根本上改革版权法，废除专利制度，以信息共享对抗现行的版权保护制度，形成版权抗争的有序力量，改变资源和利润的过度垄断局面。尽管盗版党的上述主张存在一些明显的偏颇，低估了既有知识产权制度对除垄断组织和强势团体之外的其他主体产生的积极作用，被诟病为只能满足网民免费下载作品的需求，从长远来看不利于文化的创新和繁

① 项佐涛，龙萌瑶．民粹主义政党兴衰探因：以德国选择党和海盗党为例［J］．当代世界与社会主义，2016（5）：124－132.

② 黄蕊．海盗党国际与网络政治的发展［J］．红旗文稿，2012（23）：35－37.

荣，但其存在和发展暗含了日常数字生活的实践与旨在监管数字商品的法律制度之间确实存在不协调之处，充分展现出知识产权改革的必要性。为此，他们抵制保守的知识产权政策对自由获取、可复制和可再分发的数字媒体技术提供给人们的新的创意、生产、交流和教育机会施加限制，主张进行渐进式的知识产权政策改革。[①] 与其他知识产权改革的倡导者一样，盗版党的目标不是要完全拒绝和推翻版权制度，而是要更好地维持网络时代资源共享的社会需求与文化创意保护之间的平衡。只不过由于盗版党运动支持者掺杂了更多对政府以及产业巨头压迫下的不满和抗议，将数字媒体“盗版者”与版权人之间的冲突转移到了政策领域，因此对既有知识产权保护体制采取了较为激进的抵制态度，带有某种反建制的色彩，使这一运动受到了一定的争议与质疑。

（二）对抗不断提升的知识产权保护水平

一直以来人们对于盗版党运动的评价褒贬不一，隐含的原因在于“pirate”一词所蕴含的双层语义。一方面，“盗版”指的是“未经允许地使用和复制他人作品，以谋取利益”，随着无线电技术的出现，起源于印刷和复制时期的“盗版”演变为更加宽泛的“非法”一词，那些未经权利人许可、播出广播和电视节目的个体或组织，都被称为“pirate”。[②] 在这层语义上，“海盗”或“盗版”指涉的是对财产的盗窃。另一方面，借助史学研究对海盗船管理规则的发现，“海盗”还带有某种民主色彩，即平等的表决权、对物品的支配权和享有权。在这一语义下，他们反

① DAVID M, HALBERT D. The SAGE handbook of intellectual property [M]. SAGE Publications Ltd, 2014.

② 《新牛津英汉双解大词典》编译出版委员会. 新牛津英汉双解大词典 [M]. 上海：上海外语教育出版社，2007：1615.

对资本主义，反对劳动和资本剥削，对主流政治和商业资本权力进行不懈地抗争，从而具有了一些“英雄主义”色彩。事实上，版权法的起草与运行不可避免地受到追求商业利益的版权相关行业的影响，而专利制度本身就是由工业化所推动的，与产业资本密切关联。多方主体之间的利益平衡始终是知识产权制度的终极立法价值和目标。相比于对私权利提供严格的法律保护以激励创作和创新，知识产权制度设立的根本目标是使全人类能够享受科学技术的进步和文化的繁荣。因此，媒介公司、版权企业和他们代言律师的控告、海盗湾创始人和拥护者的辩护，清晰地展现了私人财产权利与公共利益之间在数字时代的激烈博弈。① 当盗版行为在通常情况下被当然定性为侵犯创作者的权利、藐视法律、阻碍创新的行为之时，盗版党运动似乎存在一定的正当性，即对既有知识产权保护制度出现的问题进行反思，对在文化和科技领域占据主导地位的商业垄断权力进行抗争，以最大限度维护公共利益。这种对抗不仅意味着对现今的版权或知识产权制度的抗争，更意味着对产业巨头过度垄断音乐、电影、软件等文化资源的现实情况的抗争。盗版党运动强调信息自由与知识共享，避免过于繁复的知识产权规则成为创新和知识获取的负担，也试图避免当前知识产权制度暴露出的私人资本不断扩展的趋势，通过这种方式对抗不断提升的知识产权保护水平，对公民权利进行捍卫。在这个意义上，盗版党运动自然容易与同样带有反建制、反传统色彩的逆全球化思潮合流。

---

① 李静，李镓. “小偷”还是“英雄”：私人财产权利与公共利益博弈中的“海盗”隐喻：对版权规制的一种“另类”解读［J］. 新闻界，2017（8）：60－66.

第二节　区域化对知识产权保护水平的影响

虽然 TRIPS 协定的生效标志着知识产权制度被纳入国际经贸秩序中，进入高水平保护的新阶段，但是在“后 TRIPS”时代，在 WTO 多哈回合遇阻后，发达国家纷纷绕开无法产生知识产权国际立法新突破的多边体制，与利益诉求相同的国家开展区域或双边谈判，以满足其在国际贸易中对高水平知识产权保护的需求。具体而言，发达国家通过区域或双边磋商机制，以自由贸易协定作为载体，推行比 TRIPS 协定标准更高的知识产权保护条款，即“TRIPS 递增”条款。与 TRIPS 协定相比，这些在区域性协定中的“TRIPS 递增”条款提升了全球知识产权保护水平，并且彰显了知识产权保护水平不断上升的长期趋势。

一、延长了知识产权的保护期限

TRIPS 协定规定了版权和相关权利、商标权、专利权、工业设计、集成电路布图设计的最低保护期限，其中版权和相关权利为 50 年，商标权为 7 年，专利权为 20 年，工业设计为 10 年，集成电路布图设计也为 10 年。此外，未对其他知识产权的保护期限作出规定。而区域性协定往往会延长 TRIPS 协定中规定的知识产权保护期限，或者为其他知识产权设定保护期限，这些内容超过了 TRIPS 所规定的最低保护标准。

（一）TPP 对特定知识产权保护期限的延长

美国主导的 TPP 含有大量知识产权高标准保护的条款，其中包含延长知识产权保护期限的条款。对比 TRIPS 协定与《伯尔尼公约》将著作权保护期限规定为 50 年，TPP 则将著作权保护期限延长至作者生前加作者死亡后 70 年，邻接权的保护期限也延长至70年。除此之外，TPP对于专利局延迟授权的专利，以及对于药品因上市审批程序而导致有效专利保护期缩短的情形，要求各缔约国延长专利保护期以作为补偿；对农业化学物质的试验数据提供至少10年的准专利保护，对药品临床试验数据提供至少5年的准专利保护，并且对新的生物药品提供市场保护。① 此外，相较于TRIPS协定规定的商标权至少7年的保护期，TPP规定各缔约国应为商标的初始注册和每次续展提供不少于10年的保护期。② 可见，TPP中含有大量延长知识产权保护期限的规定。虽然这些期限规定直接反映了美国的意志和利益，但是相较于TRIPS协定的最低保护标准提升了不少，彰显出TPP在知识产权保护水平上具有明显的TRIPS递增特点。

（二）CPTPP对知识产权保护期限延长条款的搁置

由于美国退出TPP，这一涵盖12国的亚太区域自贸机制已经名存实亡。但在此之后，在日本牵头下，其他11个成员国重新谈判，缔结了新版TPP——CPTPP。2018年3月8日，CPTPP 11个成员国的领导人在智利举行正式签字仪式，令TPP协定重获新生。虽然CPTPP搁置了多项美国主导的知识产权高标准保护的条款，包括但不限于搁置药品未披露试验数据的期限规定、搁置专利保护期补偿条款、搁置延长著作权保护期条款，但是各缔约国表示，一旦美国重返TPP，知识产权保护还将恢复当初达成的TPP标准。③ 此外，从表面上看，对知识产权保护期限条款的搁置降低了知识产权保护标准，但此种做法有利于CPTPP 11个成员国各方的利益平衡，也有助于CPTPP吸引更多的国家加

---

① 詹映. 国际贸易体制区域化背景下知识产权国际立法新动向［J］. 国际经贸探索，2016，32（4）：99－112.

② 郭雨洒. TPP最终文本之TRIPS－PLUS条款探究［J］. 电子知识产权，2016（1）：44－51.

③ 吴汉东. 知识产权法［M］. 北京：法律出版社，2021：130.

入，扩大其因美国退出而下降的国际影响力，从而在一定程度影响着全球的知识产权保护立法，提升全球知识产权保护水平。[①]

（三）USMCA 对知识产权保护期限的进一步延长

除 TPP 外，在“美国优先”的理念指引下，特朗普上台后重谈 NAFTA，令美国、加拿大与墨西哥达成 USMCA。相较于 NAFTA 与 TPP，USMCA 作出了更加严格的知识产权保护规定。例如，在知识产权保护期限上的体现是：将生物制药的保护期限延长至 10 年；将未披露信息或其他数据的保护期限延长至 10 年；将版权的保护期限延长为 75 年。此外，还首次规定工业设计的保护期限为授予或注册日起至少 15 年。NAFTA、TPP 和 USMCA 是美国高水平国际贸易规则形成、发展和重塑的三个重要节点。[②] 从 NAFTA 到 USMCA，知识产权保护期限被不断延长，这在一定程度上能够反映出知识产权保护标准越来越严格，知识产权保护水平在不断上升。

（四）其他区域性协定对知识产权保护期限的规定

知识产权保护期限延长条款并非仅出现在美国主导下的区域性协定中，此类条款同样会成为其他区域性协定的知识产权保护内容，如日本与欧盟签订的 EPA。在日欧 EPA 中，作者权利与录音制品制作者权利期限不少于 70 年；工业品外观设计的保护期限不低于 20 年；未披露的试验或其他数据期限不少于 6 年；对于药品和农药产品专利规定补偿性保护期限，最高补偿期为 5 年。日欧 EPA 甚至规定了对未经注册的产品外观的保护，规定

---

① 林思颖，余晓春.《全面与进步跨太平洋伙伴关系协定》知识产权条款解读与评析［R］. 信息速递，2018.

② 白洁，苏庆义.《美墨加协定》：特征、影响及中国应对［J］. 国际经济评论，2020（6）.

未经注册的产品外观保护期限至少为3年（见表3-1）。[①]

表3-1 TRIPS协定与区域化协定关于知识产权保护期限的内容

知识产权	协定			
	TRIPS	TPP	USMCA	EPA
著作权	50年	70年	75年	70年
专利权	20年	专利期限补偿	专利期限补偿	专利期限补偿
商标权	7年	10年	10年	—
工业品外观设计	10年	—	15年	20年
未披露信息或其他数据	—	5年	10年	6年

以上区域性协定中有关知识产权保护期限延长的条款，虽然在保护期限上并不统一，但都明显超越了TRIPS协定的最低保护标准，提升了知识产权保护水平。

二、扩大了知识产权保护的客体范围

扩大知识产权保护的客体范围，同样也是区域性协定提升知识产权保护水平的安排。世界上最主要的贸易协定TPP、CPTPP、USMCA、RCEP中的知识产权章节，或多或少地都对知识产权保护之客体范围进行了扩张。

（一）TPP对知识产权保护客体的扩张

TPP在遵守TRIPS关于创造性、实用性规定的前提下，降低了新颖性的门槛，扩张了专利保护范围，将已知产品的新用途、使用已知产品的新方法或新工序纳入可专利主题；扩大了商标保护范围，要求缔约国将可作为地理标志的标记纳入商标法保护体

---

① Japan - EU Economic Partnership Agreement (EPA) [EB/OL]. (2023-10-17) [2023-12-02]. https://www.mofa.go.jp/policy/economy/page6e_000013.html.

系，并且规定缔约国应允许以声音作为商标注册，要求各方尽最大努力允许注册气味商标；强化了对域名、国名的保护，要求缔约国为国家级域名的管理提供适当的争端解决机制，以及禁止以误导消费者的方式在商品上对缔约国的国名进行商业使用；加强了对药品临床试验数据、农业化学物质试验数据以及新的生物药品的专有保护等。[①][②]这些扩大知识产权保护范围的规定，虽然代表着美国及其产业集团的利益诉求，但将知识产权保护战略推广至缔约国，提升了缔约国的知识产权保护水平。

（二）CPTPP 对 TPP 客体范围扩大规定的搁置与保留

由于美国退出 TPP，其余的 11 个 TPP 缔约国重新签订 CPTPP，不仅搁置了 TPP 关于专利权保护范围的规定，还搁置了对药品未披露的试验数据提供准专利保护，以及对新生物制剂提供市场保护的规定。就这些搁置内容来看，似乎 TPP 确定的知识产权保护范围受到了冲击，知识产权保护标准因此降低。但 CPTPP 的知识产权保护水平仍远远超过 TRIPS 协定设定的最低标准，如：仍要求缔约国对声音商标、气味商标予以保护；强化对域名、国名的保护力度；为农业化学品的未披露试验或其他数据提供独占性保护；将局部外观设计纳入工业品外观设计的保护范围；将临时复制行为、交互式传播分别纳入复制权、向公众传播权的保护范围，等等。[③] 可见，虽然 CPTPP 搁置了 TPP 大部分知识产权高标准之规定，但也保留了一些知识产权客体范围扩大的内容，这些规定超越了 TRIPS 协定的保护标准。

---

① 詹映. 国际贸易体制区域化背景下知识产权国际立法新动向［J］. 国际经贸探索，2016，32（4）：99－112.

② 郭雨洒. TPP 最终文本之 TRIPS－PLUS 条款探究［J］. 电子知识产权，2016（1）：44－51.

③ 林思颖.《全面与进步跨太平洋伙伴关系协定》知识产权条款研究［D］. 武汉：中南财经政法大学，2020.

（三）USMCA 对知识产权客体范围的扩大

USMCA 同样对知识产权保护范围进行了扩张。TRIPS 协定未规定对域名和国名提供保护；要求商标的保护客体是任何标记或标记的组合；规定可授予专利的客体须具备新颖性、包含发明性步骤并可供工业应用；笼统规定对药品或农业化学物质产品未披露数据的保护。但是，USMCA 将域名和国名纳入保护范围；扩大了可注册商标的客体范围，不以标识必须具备可视性作为商标注册条件，从而为气味商标与声音商标的注册提供了机会；保护未公开的农用化学品试验或其他数据；对新药品作出定义，指出“新药品”是此前未在该缔约国获得上市许可的化学成分的药品，以此扩大生物制药的保护范围。①从二者的对比中不难发现，USMCA 中有关知识产权客体范围扩大之规定，超越了 TRIPS 规定的客体范围，与 TPP 的相关内容基本一致，加强了知识产权保护，并提升了知识产权保护水平。

（四）RCEP 对知识产权客体范围的进一步扩展

与 CPTPP、USMCA 同作为世界三大贸易协定的 RCEP，在知识产权保护范围上也进行了相应的扩张，提升了知识产权的保护水平。首先，在著作权及相关权利方面，RCEP 对相关权的保护范围更广，对载有加密节目的卫星信号予以保护；其次，在商标和地理标志保护方面，RCEP 否定了 TRIPS 要求的商标可被视觉感知的要件，规定立体形状和声音商标均可进行申请注册，扩大了可注册商标范围；再次，在专利和工业设计保护方面，RCEP 对实用性标准规定为“能用于产业应用”，相较于《中华人民共和国专利法》要求的“能产生积极效果”标准，门槛更低，扩大了专利法保护范围；最后，在其他知识产权保护方面，在东盟

---

① USMCA 第 20.17 条、第 20.27 条、第 20.28 条、第 20.45 条、第 20.49 条。

国家、印度和中国的提议下，遗传资源、传统知识和民间文学艺术被纳入知识产权保护范围，RCEP 的缔约国须采取适当措施保护这些客体，以防止被他人滥用和盗用。①

知识产权的客体是知识产权制度的重要组成部分。随着技术、市场化运作的发展，知识产权客体也在不断扩张。TRIPS 协定超越了《巴黎公约》《伯尔尼公约》等传统知识产权国际公约的知识产权客体范围，为计算机软件、电影作品等提供保护。而在 TRIPS 协定之后出现的各种区域性协定，又超越了 TRIPS 协定的客体范围，或将商标的授权条件降低，或增加对域名与国名的保护，又或者要求保护民间文学艺术，等等。从区域性协定的整体内容来看，虽然 TPP、CPTPP、USMCA、RCEP 的知识产权章节各有保护侧重点，但各协定的知识产权保护标准并非绝对高于或者低于其他协定，而是在部分内容重合的基础上或高或低，保护标准交叉。这些区域性协定尽管程度有所不同，但总体而言都呈现出一个共同的趋势，即超 TRIPS 保护标准，提升了全球知识产权保护水平。

三、加强了对特定对象的知识产权保护

自 TRIPS 协定签订至今，知识产权国际治理格局已发生巨大的变化，但发达国家和发展中国家之间的利益冲突始终存在。在后 TRIPS 时代，随着各个国家不同程度的发展，二者之间的分歧越来越大，并且难以在 WTO/WIPO 多边体系中达成一致。于是二者都选择进行体制转换，通过双边或区域自贸协定达成制定知识产权新保护标准的目的。在这些协定中，知识产权规则逐渐呈现超 TRIPS 趋势，其中便包括加强对特定对象，如驰名商标、植

---

① 马一德，黄运康．RCEP 知识产权规则的多维度解读及中国应对［J］．广西社会科学，2022（4）：69－76．李芮．《区域全面经济伙伴关系协定》知识产权条款研究［D］．武汉：中南财经政法大学，2022．

物新品种、地理标志等客体的知识产权保护。

（一）TPP 加强对驰名商标、作品及其邻接权客体的保护

TPP 的知识产权条款注重保护权利人的利益，加强了对驰名商标、作品、表演和录音制品的保护。

首先，在驰名商标的保护上，《巴黎公约》第 6 条第 2 款对驰名商标的保护仅限于相同或类似商品之上，即对驰名商标进行同类保护。而 TRIPS 协定第 16 条第 3 款规定，对驰名商标的保护应适用于与已注册商标的货物和服务不相类似的货物或服务之上，即对已注册的驰名商标进行跨类保护。但是 TPP 将《巴黎公约》第 6 条第 2 款比照适用到与驰名商标不相同或者相似的商品或服务上，无论注册与否。TPP 这一规定的含义为，无论是注册的驰名商标，还是未注册的驰名商标，TPP 都会进行跨类保护，这一规定直接加大了对驰名商标的保护力度。

其次，在对作品、表演和录音制品的保护上，TPP 第 18.58 条规定，作者、表演者和录音制品制作者能够禁止他人以任何方法或者形式（含数字形式）复制他们的作品、表演和录音制品。这一规定扩大了复制权的控制范围，超越了 TRIPS 协定与《伯尔尼公约》所规定的复制权权利内容。①

（二）CPTPP 增强对驰名商标、药品及农业化学品的保护

CPTPP 虽然搁置了一些 TPP 中的知识产权条款，但 TPP 中大部分的知识产权条款被完整保留下来，其中便包括加强对特定对象的知识产权保护条款。CPTPP 同样重视对商标，尤其是对驰名商标的保护，并且注重保护药品及农业化学品。

在对商标的保护方面，CPTPP 降低了商标侵权的认定标准，即对相同或相似商标的认定，除了可能产生混淆，还包括

---

① 郭雨洒. TPP 最终文本之 TRIPS - PLUS 条款探究［J］. 电子知识产权，2016（1）：44 -51.

有欺诈可能的情况。此外，弱化商标许可备案制度的效力。与TRIPS协定第21条给予各成员自由选择商标许可的确定条件（包括备案）不同，CPTPP第18.27条规定各缔约国不得要求以商标许可备案作为商标许可的生效要件，或作为商标取得、维持和实施程序中的持有人使用条件。这一规定大幅提升了商标许可的效率，使得商标权人能够尽快获得商标许可带来的经济价值。而对于驰名商标的保护，无论驰名商标注册与否，CPTPP均禁止他人在不相同或不相类似的商品或服务上注册与驰名商标相同或近似的商标。这种跨类保护极大地扩张了驰名商标的保护范围，可以说在驰名商标的保护上，CPTPP的保护水平与TPP保持一致。①

除了加强对商标的保护外，CPTPP针对药品要求缔约国建立专利链接制度，使药品的上市许可与专利保护相联系。CPTPP提供了两种可选方案，在第一种方案中，缔约国的上市许可审批机关并无阻止仿制药申请上市的义务，只是具有通知相关药品专利持有人的义务。而在第二种方案中，未经专利持有人的同意或默许，缔约国的上市许可审批机关不得基于已有的药品信息，批准仿制药上市。显然，第二种方案对原研药的专利持有人或上市许可申请人的保护力度更大。然而无论是何种方案，CPTPP都进一步强化了对专利药品持有人尤其是大型原研药企业的保护。②

CPTPP还细化了TRIPS协定第39.3条之规定，加强了对农业化学品未披露试验数据的保护。具体而言，CPTPP在TRIPS协定关于农业化学品未披露数据保护义务的基础上，采取了准专利保护模式，为数据权利人提供至少10年的数据独占期，在该期

---

① 林思颖.《全面与进步跨太平洋伙伴关系协定》知识产权条款研究［D］. 武汉：中南财经政法大学，2020.

② 林思颖.《全面与进步跨太平洋伙伴关系协定》知识产权条款研究［D］. 武汉：中南财经政法大学，2020.

限内缔约国不得批准未经提交人同意的第三人销售相同或相似产品。此外，CPTPP 还规定即使产品受到专利保护，在专利保护期先行届满的情况下，缔约国不得变更已经给予的数据独占期，这意味着 CPTPP 变相延长了农业化学品专利的保护期限，明显有利于农业化学公司的利益和相关领域的研究。[①]

（三）USMCA 强化对药品及农业化学品与商业秘密的保护

与 CPTPP 一致，USMCA 也强化了对药品、农业化学品的保护，还通过 8 个条款加强了对商业秘密的保护。首先在对药品的保护上，USMCA 规定了药品专利期限补偿制度，对药品专利保护期作出了调整；设置了药品监管审查例外，允许第三方仅为获得信息以满足该产品上市许可要求的目的，在该缔约国领土内制作、使用、销售、许诺销售或进口现有专利涵盖的产品；对未披露试验或其他数据提供数据独占期，建立药品未披露试验数据保护制度。[②] 这些规定反映了 USMCA 对药品保护的重视。

而针对农业化学品，USMCA 不但对与其相关的未披露试验或其他数据予以保护，而且对“新农业化学品”作出了定义，即“包含此前从未在该缔约国领土内被批准用于农业化学品的化学成分的农业化学品”[③]。这一定义是对 TRIPS 协定的细化，将“新”限定在缔约国领土内，大大增加了美国的农业化学品在墨西哥、加拿大获得保护的机会。

除药品与农业化学品外，USMCA 尤其重视对商业秘密的保护，要求缔约国提供民事司法程序、临时措施、刑事程序和处罚，防止他人未经授权盗用商业秘密；并且要求任何缔约国不得

---

① 林思颖.《全面与进步跨太平洋伙伴关系协定》知识产权条款研究［D］. 武汉：中南财经政法大学，2020.

② USMCA 第 20. 46—20. 48 条。

③ USMCA 第 20. 45 条。

通过提高商业秘密的许可和转让门槛，阻止或妨碍商业秘密自愿许可。另外，USMCA 还要求缔约国禁止政府官员在官方职责范围之外未经授权披露、使用商业秘密。[①] 可以说，相较于 TRIPS 协定仅用一个条款保护未披露的信息，USMCA 通过 8 个条款大幅提升了各缔约国对商业秘密的保护水平。

（四）RCEP 重视对传统知识产权、植物新品种及地理标志的保护

RCEP 在框架和内容上与 TRIPS 协定保持了一致，但回应了新时代的知识产权保护需求，更加与时俱进。相较于 TPP、CPTPP等区域性协定，RCEP 并未加强对驰名商标、药品及农业化学品等客体的保护，反而将强化保护的关注点放在了著作权、专利权等传统知识产权，以及植物新品种、地理标志之上。例如，RCEP 加强了对数字环境下著作权及相关权的保护，重视对地理标志的保护，增加专利的程序规则，以及强化对植物新品种的保护。

在著作权及相关权保护上，RCEP 增加数字环境下对著作权和相关权的保护。由于科学技术的发展，相对于 TRIPS 时期，互联网时代出现了很多新的利益形式，随之而来的就是需要保护的权利种类和权利内容的增加，以及为了应对新的侵权形式而新增的保护方式。在这一背景下，首先，RCEP 增加了作者、表演者和录音制品制作者的信息网络传播权，也就是赋予了上述主体通过网络传播获取利益的权利；其次，增加了对作品的技术措施和权利管理电子信息的保护、限制和例外规定，加强了数字时代对于作品的保护；最后，要求各成员国中央政府只能使用正版软

---

① USMCA 第 20.69—20.77 条。

件，一定程度上保护了软件作者的利益。[①]

除著作权及相关权外，RCEP 还增加了专利的程序规则，完善了专利审查快速通道，加强了对专利的保护。在程序性规则方面，RCEP 规定了申请、注册、快速审查、公布等程序规则，并且为了适应时代发展的需求，新规定了电子申请制度及在先技术的互联网公开方式，还有同时具有实体性和程序性特点的专利宽限期制度。[②] 并且 RCEP 要求各缔约国应当致力于加速专利审查的国内程序，该程序可以由专利申请人发起。这些有关专利的程序性规定回应了技术发展的需求，便利了专利申请人。而且，通过专利审查快速通道，专利审查的效率大大提升，专利转化运用因此获得加速。[③]

RCEP 还强化了对地理标志的保护，规定地理标志不仅可以作为证明商标和集体商标获得商标法保护，还可以通过专门制度和其他法律途径得到保护。依据 RCEP 之规定，地理标志的保护方式可有多种，这增强了地理标志权利人获得救济的可能性，有助于提升缔约国地理标志产品的国际竞争力，助力相关产业发展。此外，在对植物新品种的保护上，RCEP 采取的保护方式与地理标志相似，认为应当通过专利法或专门制度或二者的结合进行保护。这一规定对保护育种者的利益和促进育种创新具有重要作用。[④]

RCEP 并未如 TPP、CPTPP 等协定般强化对驰名商标、农业化

---

① 李芮.《区域全面经济伙伴关系协定》知识产权条款研究［D］. 武汉：中南财经政法大学，2022.

② 张乃根. 与时俱进的 RCEP 知识产权条款及其比较［J］. 武大国际法评论，2021（2）：1－25.

③ 李芮.《区域全面经济伙伴关系协定》知识产权条款研究［D］. 武汉：中南财经政法大学，2022.

④ 李芮.《区域全面经济伙伴关系协定》知识产权条款研究［D］. 武汉：中南财经政法大学，2022.

学品和药品专利的保护，这是由协定的利益出发点不同导致的。RCEP 更加注重权利人与社会公共利益平衡，而 TPP、CPTPP 等协定更加注重权利人私人利益，因此 TPP 等协定加强对驰名商标、农业化学品和药品专利的保护，RCEP 更加重视对植物新品种、地理标志等提供保护。RCEP 的知识产权保护标准实际与 CPTPP 等协定的保护标准存在交叉，并非绝对低于 TPP、CPTPP等协定的保护标准。无论如何，尽管 RCEP 在知识产权保护水平方面总体上要低于 TPP 和 CPTPP，但需要承认的是，RCEP 的保护标准仍具有超 TRIPS 性，并且保护了各国的优势知识产权。①

总体而言，以上区域性协定在 TRIPS 协定的基础上，通过细化 TRIPS 协定中的条款或者增加保护内容的方式，加强了对特定知识产权的保护。从区域性协定的内容来看，虽因区域性协定的主导国家与参与国家之差别，协定所重视的知识产权存在区别，但区域性协定中有关加强对特定对象保护之规定，都超越了 TRIPS 协定的最低保护标准，事实上提升了全球知识产权保护水平。

四、强化了知识产权的执法程序和保护措施

知识产权执法是将知识产权保护制度落到实处的重要环节。有效的知识产权执法，能够有效发挥知识产权制度的激励功能，以及保障知识产权正常实现。虽然 TRIPS 协定对知识产权的实施作出了专门规定，但是区域性协定中的知识产权执法程序和保护措施规定，更加细致也更为严格。

（一）TPP 扩大知识产权执法范围与加大处罚力度

在知识产权执法方面，TPP 比 TRIPS 甚至 ACTA 的规定更为

① 马忠法，谢迪扬. RCEP 知识产权条款的定位、特点及中国应对［J］. 学海，2021（4）：181－191.

严格，主要表现在以下三方面。第一，加大了侵权处罚力度，规定对于侵犯著作权或相关权以及假冒商标的行为，各缔约国应建立或维持事先设定赔偿金或者附加赔偿金制度。第二，将边境措施实施范围由 TRIPS 所规定的进口货物延伸至出口、转口货物。第三，进一步降低刑事处罚门槛，对 TRIPS 协定中的“达到商业规模”作出了扩张性界定，规定即使不以营利为目的而故意实施的重大行为，如果该行为对版权或相关权人的市场利益造成实质性损害，也可能构成“达到商业规模”而受到刑事处罚。上述执法措施将使得知识产权侵权成本显著增加，并加大出口、转口贸易以及发展中国家常见的代工生产的知识产权侵权风险。① 相较于 TRIPS 与 ACTA，TPP 扩大知识产权执法范围与加大对侵权行为的处罚力度，从执法角度提升了知识产权的保护水平。

（二）CPTPP 全方位提升知识产权执法标准

CPTPP 具有更严格的知识产权执法措施。第一，CPTPP 规定了司法裁决和行政裁判的形式和内容，最好以书面形式作出裁决并对理由进行说明，并向公众公开提供；还强调了收集分析信息的重要性，包括知识产权侵权信息、防止侵权的实践信息、知识产权执法相关信息等。CPTPP 的这些规定有助于知识产权执法实践，提升了知识产权执法保护水平。第二，在民事和行政救济程序中，CPTPP 对盗版和假冒商标货物的行为，规定了法定赔偿和额外赔偿（惩罚性赔偿）制度，以对未来可能的侵权行为产生威慑；而对于制造侵权产品的工具和材料，CPTPP 认为可以全部予以销毁。通过民事和行政救济程序之规定，CPTPP 保障了知识产权权利人的利益。第三，在边境措施方面，CPTPP 除了要求扣留或中止放行涉嫌假冒商标或盗版的货物，还将具有混淆可能性

---

① 詹映．国际贸易体制区域化背景下知识产权国际立法新动向［J］．国际经贸探索，2016，32（4）：99－112.

的相似商标货物纳入其中，扩大了执法范围。而边境措施的适用范围不仅涵盖了进口和出口程序，还包括对过境商品启动边境措施，进一步扩大了执法范围。第四，CPTPP 在商业秘密的保护上制定了十分严格和细致的条款，包括提供救济手段、进行刑事处罚的条件等；在域名的使用上，除了提供救济和争端解决程序，还要求建立域名注册人信息数据库。①

从推定规则、救济程序、边境措施和不正当竞争等方面的规定可以看出，CPTPP 设置了更严格的知识产权执法标准。CPTPP 倾向于保护权利人的利益，对于侵权行为进行严厉惩罚，降低了惩罚门槛并且扩大了执法范围，极大地保护了发达国家及其产业集团的利益。② 并且这些全方位提升知识产权执法标准之规定，是全球知识产权保护水平上升的重要助力。

（三）USMCA 进一步提升知识产权执法水平

在 USMCA 第 20 章第 J 节中，包含了一系列知识产权执法条款，涉及知识产权执法的一般规定、民事行政程序及救济措施、刑事诉讼和惩罚、边境执法措施等内容。这些内容相较于 TRIPS 协定更加细化、严格，提升了协定缔结方的国内知识产权立法、执法及司法保护水平，并且对于其他国家具有借鉴意义。

最值得关注的是，USMCA 通过提高销毁标准与扩大损害赔偿范围的方式，进一步提升了知识产权执法保护水平。具体而言，USMCA 允许司法机关颁布禁令，阻止涉嫌侵犯知识产权的货物进入商业流通，并且在侵权损害赔偿上设置了额外损害赔偿，提供了停止侵权、损害赔偿的救济方式。对于侵权商品等物品，USMCA 的销毁标准为立即销毁、全部销毁、非简单移除假

---

① 林思颖.《全面与进步跨太平洋伙伴关系协定》知识产权条款研究［D］. 武汉：中南财经政法大学，2020.

② 李芮.《区域全面经济伙伴关系协定》知识产权条款研究［D］. 武汉：中南财经政法大学，2022.

冒商标的销毁、不给予任何赔偿的销毁，提升了知识产权侵权物品的销毁标准。为了防止知识产权人恶意诉讼，USMCA 还对滥用诉讼程序行为进行了规制，允许司法机关通过补偿费用的方式惩罚滥用权利者，补偿受损当事人。

此外，USMCA 重视知识产权的边境执法。USMCA 规定的边境执法货物范围较广，既包括进出境货物，又包括在途商品以及进入或离开自由贸易区与保税仓库的商品。而对于侵权货物的处置，USMCA 的出发点是避免对权利人造成任何损害，因此要求主管机关有权在确定货物侵权后下令销毁货物，若货物未被销毁，也应在商业渠道外处置货物。对于假冒商标商品，不能在简单移除非法加贴的商标后，就允许货物进入商业流通。这些做法无疑加大了知识产权边境执法的力度，体现着对知识产权权利人利益的重视。①

USMCA 的知识产权执法条款，实际上是美国利益的集中反映。美国意图通过区域贸易协定向缔约国推行知识产权执法高标准，从而达到对本国知识产权的高强度保护之效果。由于加拿大和墨西哥接受了 USMCA，并在协定签订后着手于国内法落实，美国确已实现自身诉求。② 虽然条约达成带有霸权色彩，但不可否认的是，USMCA 严格的知识产权执法程序和保护措施条款，提升了缔约国的知识产权执法水平。

（四）RCEP 在 TRIPS 协定基础上完善知识产权实施条款

如果说 TPP 与 USMCA 中的知识产权专章带着美国标准、美国规则的影子，主要反映美国利益，CPTPP 中的知识产权专章维护发达国家的利益，那么世界上最大的区域性自由贸易协定

---

① 刘迪，阮开欣.《美国 - 墨西哥 - 加拿大协定》知识产权章节评介之知识产权执法条款［J］. 中国发明与专利，2019，16（4）：76 - 82.

② 马忠法，李依琳. 后 TRIPS 协议时代美国知识产权国际保护诉求之变及其影响［J］. 河北法学，2020，38（8）：48 - 61.

RCEP 的知识产权保护条款，则是立足于亚太国家尤其是东盟国家的发展现实，对发达国家与发展中国家知识产权保护需求的综合协调。RCEP 的知识产权保护条款，更注重于执行而非对现有的国际通行实体性规则进行修改。在知识产权权利的实施这一节中，RCEP 规定了一般义务、民事救济、边境措施和刑事救济四方面的内容。

最值得关注的是，RCEP 对知识产权执法的比例原则作出了规定。RCEP 规定，每一缔约国应当确保其法律法规中包括本节规定的执法程序，以便对任何侵犯知识产权权利的行为采取有效行动，包括阻止侵权的快速救济和阻遏进一步侵权的救济措施。这些程序应当公平和合理，其实施方式应当避免对合法贸易形成障碍，适用救济措施和惩罚措施要考虑与知识产权侵权行为的严重性之间比例适当，并且需要考虑第三方利益。[①] 相较于其他区域性协定，RCEP 规定知识产权执法程序应当公平合理，同时在确定救济和刑罚时要考虑比例原则的内容，体现了 RCEP 利益平衡、合作共赢的发展理念。RCEP 在 TRIPS 协定的基础上完善知识产权执法规则，表现出有限的超 TRIPS 性，而非 CPTPP 等协定的全面超 TRIPS 性。但无论如何，RCEP 的知识产权执法程序和保护措施，在与 TRIPS 协定保持一致的基础上与时俱进，对 TRIPS 协定进行了增加或细化完善，提升了知识产权整体保护水平。

TRIPS 协定专设“知识产权的实施”，以规定知识产权执法保护的最低标准。然而在区域经济一体化的进程中，加强知识产权保护、提升知识产权保护水平成为大多数国家的共识，甚至是发达国家的核心利益诉求。TPP、CPTPP、USMCA 与 RCEP 作为区域性协定的代表，都在 TRIPS 协定的知识产权执法规则基础上

---

① 李芮.《区域全面经济伙伴关系协定》知识产权条款研究［D］. 武汉：中南财经政法大学，2022.

进行了细化或者超越，严厉打击知识产权侵权行为，加大知识产权执法力度。以上种种规定，无疑显著提高了全球知识产权保护的执法水平。

第三节 单边主义和贸易保护主义的影响

在逆全球化浪潮的影响下，以美国为首的部分西方国家开始对全球化背景下既有政治格局与经济秩序发起挑战。英国脱离欧盟，美国威胁退出 WTO，欧洲国家右翼政党对全球化抵制情绪的蔓延等，频频拉响内倾主义和民族主义日益滋长、反全球化浪潮日趋高涨的警钟。值得进一步关注的是，美国从国际多边机制和自由贸易体制的创立者和领导者猛然变身为单边主义和保守主义的急先锋，[①] 将经贸问题政治化，在贸易问题上大搞单边主义和保护主义，更将知识产权当作打压别国、维护自身利益的工具。

美国等发达国家将知识产权作为实现单边主义和贸易保护主义的媒介，在于其较发展中国家更具科技优势，更倾向于采取更高的知识产权保护水平，从而具有相当“发言权”。客观而言，其采取的相关措施虽不以保护知识产权为真实目的，但从另一角度看，发展中国家在受“冲击”的同时，由于顾及经贸关系，不得不接受发达国家知识产权强保护标准，在“回应”和“反击”的同时检视了国内知识产权保护水平与自身发展水平、全球保护水平之间的适配程度，在压力之下实现了本国知识产权保护水平的不断提升。可以说，这是单边主义和贸易保护主义通过输出强保护标准迫使他国关注知识产权保护工作所产生的客观结

---

① 詹映. 逆全球化背景下美国对华“301 调查”的不同寻常之处［J］. 陕西师范大学学报（哲学社会科学版），2019，48（1）：77－83.

果。就我国而言，面对以美国为主的西方发达国家假借知识产权为名的打压，我国日益重视知识产权的战略地位，强化知识产权立法和执法水平，完善本国相关制裁与反制机制，积极参与全球知识产权治理，在国际知识产权协调中扮演着越来越重要的角色。

一、单边主义和贸易保护主义对知识产权立法水平的影响

（一）“301 调查”及其对知识产权立法水平的影响

“301 调查”以美国《1974 年贸易法》的“301 条款”为基础，系为维护美国在国际贸易中的权利，对其他国家“不公平”“不合理”贸易行为或法律政策进行制裁而生，因此带有与生俱来的单边主义色彩与贸易保护主义性质。具体而言，根据“一般 301 条款”，美国总统有权“特别指示”美国贸易代表发起“一般 301 调查”；根据“特别 301 条款”，美国贸易代表办公室自 1989 年开始每年发布《特别 301 报告》，全面评价在世界范围内与美国有贸易关系的国家的知识产权保护和执法状况，一旦有国家被列入“重点国家”名单，美国贸易代表办公室就应对该国启动调查，[①] 这一调查常被称为“特别 301 调查”。

无论是“一般 301 调查”中所涉知识产权关切，还是每年《特别 301 报告》对各国知识产权立法和执法状况的评估，或是“特别 301 调查”对所谓重点国家知识产权立法和执法状况的针对性关注，都是美国以其自身为视角，以其高水平知识产权保护为参照标准，对其他国家知识产权保护水平现状进行评判。一方面，来自美国的评判体现了较高发展水平社会对强保护标准的立法要求；另一方面，来自各国的回应也体现了其向强保护目标进

① 钱子瑜. 论 2016 年“特别 301 条款”的修订及其影响［J］. 陕西师范大学学报（哲学社会科学版），2018，47（5）：45－51.

发的立法尝试与努力。可以说，国际知识产权立法水平在此“冲击”与“回应”的曲折过程中得到客观提升。

1. 美国关注各国知识产权问题挑战并敦促立法进程

自1989年以来，美国贸易代表办公室每年发布《特别301报告》，截至2022年为止已有34个年头。2022年4月27日，美国贸易代表办公室发布了2022年度《特别301报告》,[①] 系其发布的第34份《特别301报告》。可以说，历年《特别301报告》的内容比较集中地反映了美国“301调查”对各国知识产权保护的关注点所在。

历年《特别301报告》的核心内容主要围绕两大部分展开，其一为知识产权保护和执法及相关市场准入的积极进展和仍存在的问题；其二为关于特定国家存在的知识产权保护问题的具体报告。对过去数年《特别301报告》内容进行回顾，可以看出美国对医药知识产权、商业秘密、商标、地理标志等知识产权国际保护前沿问题保持着长期关注。其中，在药品和医疗器械创新与市场准入方面，美国认为，贸易伙伴威胁或鼓励他人颁发强制许可，相关定价和补偿制度对创新药物和医疗器械的价值认识不足，以及贸易伙伴在市场准入方面的不合理政策等，将阻碍重要新药和医疗器械进入市场，不利于医疗保健领域的创新。在商业秘密保护方面，美国认为各国在商业秘密盗窃补救方面缺乏强有力的立法支撑，商业秘密诉讼中的证据要求也使商业秘密面临暴露风险。近十年《特别301报告》更持续认为我国对商业秘密的民事、行政和刑事保护存在严重不足，认为我国应修订刑法，通过刑事手段打击商业秘密盗窃行为。在商标保护方面，《特别301报告》认为许多国家对商标权的保护存在法律障碍，商标注册和诉讼程序存在缺陷，商标许可备案强制要求带来了不必要负

---

① 报告原文：https：//ustr. gov/sites/default/files/IssueAreas/IP/2022% 20Special% 20301%20Report. pdf.

担，也不利于对权利人的保护。在地理标志保护方面，美国主要认为欧盟地理标志系统不利于其他生产者进入欧盟市场，应确保地理标志保护制度不侵犯在先权利，不剥夺有关当事方使用商品通用名称的能力。除此以外，近几年的《特别301报告》也对网络盗版、自主创新政策、国家顶级域名等问题进行讨论，并敦促各贸易伙伴政府发挥解决上述问题的主导作用，否则将采取一切贸易手段或措施保护美国知识产权权利人利益。

《特别301报告》指出的“问题”一方面系以美国利益优先为根本立场，由美国设定标准评判贸易伙伴国，其中所含不实之词随处可见；但另一方面其确在一定程度上反映了全球知识产权发展的重心和趋势，体现了高新技术发展潮流下知识产权强保护时代的高标准保护要求。基于知识产权高标准保护应建立于相当经济发展水平基础之上的事实，部分国家以目前发展水平尚无法完全达到该标准，但其阶段性、相对性的进步亦值得肯定。越来越高的知识产权保护水平，必然随着世界经济的共同发展和全球知识产权意识的增强，逐步在各国政策和法律中确立。

2. 各国加快完善国内知识产权立法以提升保护水平

关于美国对知识产权保护重点问题和挑战的关注，除了识别其单边主义和贸易保护主义本质外，各国也结合本国实际提高对知识产权作为战略性资源的重视程度，以更高的标准审视本国知识产权制度和立法设计情况，增强立法科学性与完备性，从而贡献于国际知识产权立法水平的提升。

各国在知识产权立法方面取得的积极进展值得肯定，主要体现于以下几个方面：第一，扩大知识产权侵权行为认定范围并加大惩罚力度。日本于2021年5月修订了《商标法》，将以“个人使用”为目的进口假冒产品认定为违法行为，解决了日本对进口商品个人使用豁免制度的担忧；同时，日本对《关税法》进行相应修改，赋予海关没收自称为“个人使用”从海外购入的假冒产品的权利。智利《工业产权法》修正案将伪造商标定为犯罪，以刑罚手段遏制商标侵权行为。印度发布了修订的立法草案，将目前存在的非法录像定为刑事犯罪。第二，增加知识产权保护客体和期限长度。如智利《工业产权法》通过引入新的商标概念和定义，承认对非传统商标的保护，如三维商标；除此以外，该法案纳入更广泛的商业秘密定义，并将工业设计保护期延长至15年。第三，推进知识产权保护法律制度现代化。如牙买加于2020年1月通过了一项新的《专利和外观设计法》，用以取代已经过时的《1857年专利法》和《1937年外观设计法》，《专利和外观设计法》中关于牙买加参加《专利合作条约》（PCT）和《工业品外观设计国际注册海牙协定》的规定，使得牙买加的知识产权保护制度进一步与国际接轨。

各国在知识产权立法上取得的成绩，不能完全归功于外在驱动，而更应看到外在压力之下各国内在自身的需求。以20世纪80年代饱受美国"301调查"打压的日本为例，在美国单边主义和贸易保护主义的"胡萝卜+大棒"组合打击之下，日本与美国签订了《日美半导体协议》《超级计算机协议》等，对日本半导体等国内先进产业发展造成了严重限制。在双方的摩擦之中，表面上看是日本在美国的压力之下无奈进行自我改造，但实际上日本并非完全处于被动状态，而是在压力之下基于自身需求进行经济结构改革。[①] 同样地，各国对所谓评估和制裁进行回应的过程，在一定程度上也在逐渐推动各国不断以更高的保护标准要求自己，逐步提升自身知识产权立法保护水平。

随着中国经济与政治等各方面实力的全面提升，美国将中国视为最大竞争对手，以更严苛的眼光审视我国的知识产权问题。面对《特别301报告》每年在商业秘密、商品假冒、专利保护等

① 裴桂芬，李珊珊. 美国"301条款"在日本的运用、影响及启示［J］. 日本学刊，2018（4）：85－106.

方面的质疑，我国坚持走好中国知识产权道路，在知识产权政策和立法上作出了中国成绩。2021 年，我国发布《知识产权强国建设纲要（2021—2035 年）》和《“十四五”国家知识产权保护和运用规划》，为高水平的知识产权立法保护提供战略支撑；新修订的《专利法》和《著作权法》开始实施；《刑法修正案（十一）》修改了侵犯商业秘密罪的入罪门槛和法定刑上限；药品专利链接制度、药品专利期限补偿制度的设立等，均体现了我国在知识产权保护工作上的努力，展现了我国从自身做起加强知识产权保护的责任与担当。

（二）“中美贸易摩擦”及其对知识产权立法水平的影响

奉行“美国优先”理念的特朗普当选美国总统，是逆全球化思潮的重要产物，[①] 其执政下的美国政府也不断挑起中美间的摩擦。自 2018 年中美贸易摩擦开始以来，中美关系处于相对紧张时期。中美第一阶段经贸谈判历时近两年，双方于美国东部时间 2020 年 1 月 15 日确定了《中华人民共和国政府和美利坚合众国政府经济贸易协议》（以下简称《协议》）最终文本。《协议》将知识产权有关问题作为首要议题，蕴含了中美双方对知识产权保护相关问题的重点关切与激烈交锋。

当然，中美贸易摩擦甚至贸易战的实质绝不仅在于中美之间的经济利益冲突，美国通过达成《协议》要求我国进行相关经贸政策调整的根本目的也并不单纯在于实现经济目的，而实质在于其作为世界老牌资本主义大国对新兴社会主义大国崛起的担忧和忌惮。但是，《协议》部分内容以高于 TRIPS 的最低保护标准约定知识产权保护条款，能够反映知识产权强保护时代的要求。《协议》的签订本身体现了我国加强知识产权保护的态度和决

---

① 詹映．逆全球化背景下美国对华“301 调查”的不同寻常之处［J］．陕西师范大学学报（哲学社会科学版），2019，48（1）：77－83．

心，《协议》的内容也为我国知识产权法律制度的修订以及知识产权事业发展提供了具备实操性的指引。

1. 《协议》内容反映中美共同关切和强保护时代要求

中美双方将知识产权作为《协议》首章内容进行约定，体现了双方对于知识产权问题的重视态度。双方共同关切主要包括：商业秘密与保密商务信息保护、药品相关知识产权保护、专利保护、电子商务平台盗版与假冒行为打击、地理标志保护、盗版和假冒产品的生产和出口问题、知识产权案件司法执行和程序、对恶意商标注册行为的打击、双边知识产权合作力度的加大等。针对上述问题的相关约定，有利于在两国实现更高水平的知识产权保护。

《协议》侧重于知识产权立法保护的内容主要有：第一，在商业秘密保护方面，将侵犯商业秘密的主体“经营者”定义为所有自然人、组织和法人；扩大传统侵权理论对侵权行为的理解，将电子入侵行为纳入侵权行为范畴，同时约定违反保密义务本身即可能构成侵犯商业秘密，而无须后续披露或使用商业秘密的行为；在举证责任上约定商业秘密权利人在能够提供包含间接证据在内的初步证据时，举证责任转移至被告方；约定行为人使用或试图使用其所主张的商业秘密信息的情形应当被认定为“紧急情况”，为权利人提供更及时的保护。第二，在药品相关知识产权保护方面，《协议》对建立专利纠纷早期解决机制作出约定，若允许除最初提交安全性和有效性信息的人员以外的其他人员以有关产品安全性和有效性的证据和信息事先获得批准销售包括生物制剂在内的药品，则应建立通知机制，向专利持有人、被许可人或市场批准持有人发出通知，实现对权利人更及时的救济保护。第三，在地理标志保护方面，《协议》约定为依赖商标或使用通用名称的对方的出口产品提供公平的市场准入，保护通用名称、尊重在先商标权。第四，在恶意商标注册打击方面，《协议》关注对不良商标注册的预防，而这便对商标法关于恶意商标注册和代理行为的规定及处罚措施作出要求。《协议》包括但不限于上述知识产权问题的共同关切，客观上有利于两国通过约定内容向国内政策和立法转化，为权利人提供获得更为迅速、全面的法律保护，以及更开放、公平的市场准入和竞争环境，进而促进知识产权立法保护水平提升。①

2. 我国推进严保护立法以实现知识产权保护战略目标

知识产权强保护要求与我国要从“知识产权大国”向“知识产权强国”转变的重要战略目标具有吻合之处，恰为我国实现知识产权严保护提供了外源性推动力量。为进一步提升知识产权保护水平，我国在相关立法和政策制定活动中已将包括双方共同关切在内的知识产权重点问题提上议事日程，有的内容在《协议》签署之前就已经开始在相关政策和法律的制定或修订中有所体现。

第一，针对《协议》中的商业秘密和保密商务信息保护问题。关于主体范围，我国在2019年修订的《反不正当竞争法》第9条第2款中就已作出扩展性规定：“经营者以外的其他自然人、法人和非法人组织实施前款所列违法行为的，视为侵犯商业秘密。”关于电子入侵行为，同样体现在我国修改后的《反不正当竞争法》第9条第1款第1项、第4项中；关于商业秘密权利人举证责任的转移，对应于修改后《反不正当竞争法》的第32条之中；关于“紧急情况”的规定，则体现于2019年1月1日施行的《最高人民法院关于审查知识产权纠纷行为保全案件适用法律若干问题的规定》第6条第1项，具体规定为“申请人的商业秘密即将被非法披露”属于《民事诉讼法》第100条规定的“情况紧急”。第二，针对药品专利保护问题，2021年我国《药

① 冯莎，高婧，詹映. 中美第一阶段经贸协议知识产权条款述评［R］. 国家知识产权战略实施研究基地知识产权信息速递，2020（10）.

品专利纠纷早期解决机制实施办法（试行）》的发布，《最高人民法院关于审理申请注册的药品相关的专利权纠纷民事案件适用法律若干问题的规定》的施行，以及《重大专利侵权纠纷行政裁决办法》的发布，标志着我国专利链接制度的正式建立。第三，关于地理标志保护问题，2019 年 2 月我国国家知识产权局发布《国外地理标志产品保护办法（修订征求意见稿）》，标志着将地理标志加强保护的工作提上议程。而《协议》对地理标志在“通用名称”方面须考虑因素提供的详细指引，有助于国内地理标志保护立法工作的进一步开展。第四，在知识产权侵权行为的惩治方面，我国近年通过对《商标法》《专利法》《著作权法》《反不正当竞争法》等法律的修订，已逐步全面实现了对惩罚性赔偿制度的引入，法定最高赔偿限额亦得到较大程度的提升，从立法层面上实现了对知识产权恶意侵权行为的严厉阻遏。

总而言之，中美贸易摩擦及其副产品——中美第一阶段经贸协议客观上推动了我国的知识产权立法保护水平。其背后，既有外部压力的因素，也有我国自身发展的需要。更加严格的知识产权立法保护有利于中国知识产权市场向更健康的方向发展，且有利于我国通过国际贸易这一载体发挥国内立法保护完善对国际知识产权保护的有益影响，促进全球高新技术孕育和创新激励。作为世界新兴大国，随着经济与科技水平的快速发展，我国今后在知识产权领域的保护水平必将日臻提升，并且将通过积极参与全球知识产权治理，影响国际知识产权保护的整体水平。

二、单边主义和贸易保护主义对知识产权执法水平的影响

（一）“337 调查”及其对知识产权执法水平的影响

美国“337 调查”以美国《1930 年关税法》中的第 337 条

为基本依据，以美国《综合贸易竞争法》为补充而开展。根据ITC的定义，“337调查”为美国对不公平进口贸易行为，主要是进口贸易相关知识产权侵权行为作出的调查。具体而言，包括进口商品侵犯专利权、商标权和以其他形式进行的不正当竞争行为，如盗用商业秘密、商品假冒、虚假广告等。① 若ITC调查发现侵权行为成立，则针对相关侵权产品实施禁止令和排除令。

由调查所涉主要行业以及美国对调查确认的侵权行为采取的排除进口措施可见，“337调查”及其“救济措施”本质上也是美国用以遏制他国高新技术产业发展与产品出口的贸易工具；是由美国主导的，以美国利益为本位的单边主义和贸易保护主义体现。但与“301调查”“恶名市场调查”等不同的是，“337调查”系由ITC对向美国出口产品的特定企业以案件形式进行的调查，其本身充当了涉外知识产权执法的角色，客观上也产生执法的效果。作为全球知识产权执法的一部分，其对知识产权采取的强保护和快保护态度，为我们提供了观察逆全球化对国际知识产权执法水平所产生影响的一个“镜头”。

1. ITC知识产权案件执法范围的扩张——强保护

ITC执法范围的扩张首先体现在，其将引诱侵权和数据资料纳入“337调查”执法对象范围，这意味着ITC的案件管辖对象日益增多，知识产权执法保护力度日益增强，侵权打击态度日益严厉。“337调查”管辖范围的扩张主要体现于两个案件，其一为施普玛案，其二为Clear Correct Operating案。

在施普玛一案中，ITC行政法官认为涉案指纹设备应当视为第337条的“侵权物品”，尽管其在进口时不侵犯他人专利权，

① 于洋．美国337调查的发展历程、特征事实及中国应对［J］．亚太经济，2022(2)：63－69.

在进口后却可能以引诱侵权的方式构成侵权，复审维持了初审判决。① 对此，美国联邦巡回上诉法院初审判决认为，《1930年关税法》中的第337条所指侵权行为的发生应当限定在进口时，而不延伸至进口之后。但在联席审理中，美国联邦巡回上诉法院又推翻了初审判决，认为ITC对侵权物品的理解和解释符合Chevron规则，具有合法性，从而承认了ITC对引诱侵权的管辖。在Clear Correct Operating案中，ITC行政法官根据立法目的对“进口物品”一词做宽泛解释。② 基于此，ITC将数字齿列模型数据资料纳入第337条的调查范围内。然而，美国联邦巡回上诉法院认为“articles”应当仅指实体物品而不延及数据资料，以此推翻了ITC的裁决，否认了其对数据资料的管辖权。虽然美国联邦巡回上诉法院在该案中驳回了联席审判申请，但ITC扩大管辖范围的尝试及其将产生的影响值得关注。

ITC执法范围的扩张还体现在其将域外案件和不公平行为纳入“337调查”监管范围，这意味着其管辖触角逐渐延长，对申请调查知识产权权利人的保护范围扩大。ITC在商业秘密方面的广泛管辖权早在“天瑞”案和“华奇”案中有所呈现，如在2011年“天瑞”案中，美国联邦巡回上诉法院承认了ITC对美国境外商业秘密侵权的管辖权。③ 随后，在2016年美国钢铁案（337-TA-1002）中，美国钢铁公司也提出了在中国境内发生的商业秘密窃取的指控，虽然最后美国钢铁公司撤回了这一指控，但ITC立案调查的行为也表明了其态度。除域外管辖以外，ITC对跨类型不公平行为的调查也体现其对知识产权及其市场

① 鲁甜. 337调查管辖范围的最新发展及我国应对措施［J］. 国际商务（对外经济贸易大学学报），2017（2）：121-132.

② 曹晓慧. 美国“337调查”的新趋势及我国的应对措施［J］. 情报杂志，2018，37（2）：30-36.

③ 冉瑞雪. 2013年度中国企业应诉美国337调查回顾：下［J］. 中国律师，2014（6）：55-58.

竞争的广泛控制与监管权。如 ITC 在 337 - TA - 976 号调查中对虚假广告行为进行调查，在 337 - TA - 1013 号调查中对进口未经 FDA 批准的药品这一行为发起调查。在 337 - TA - 1002 号调查中，调查请求人美国钢铁公司提出了三项指控，由于美国钢铁公司撤回了商业秘密的诉点，ITC 只对反垄断和反规避诉点进行了复审，其对反垄断等“非公平行为”的调查也体现了其管辖权的扩大趋势。

由此可见，虽然“337 调查”具有以美国利益为本位的内倾性与主观性，但从其实际效果来看，ITC 扩大执法范围的倾向有利于减少其调查结果的不确定性，使得更多以侵权为目的向美国出口的企业能够落入“337 调查”的范围，从而避免有关企业通过拆分产品部件或将侵权产品转化成数字资料以规避监管。这是一种通过增大调查和制裁可能性，实现减少侵权和引诱侵权可能性的思路。ITC 对域外案件和不公平行为的监管，为美国国内产业撑起一把偌大的执法保护伞，减少了美国知识产权权利人因侵权行为受到的损害。管辖范围逐渐扩张的 ITC 有可能获得更多权利人的青睐，使得“337 调查”在某种程度上成为联邦司法程序的补充甚至替代选择，为权利人提供更加严格和全面的保护。

2. ITC 知识产权案件适用程序的简化——快保护

ITC 在“337 调查”中对适用程序的简化主要表现为“百日程序”使用增加和临时初步裁决（interim initial determinations，以下简称临时初裁）试点计划的提出，体现了其对快速解决案件、迅速采取措施的追求。2013 年 7 月，ITC 展开“百日程序”试点项目，即 ITC 可在“337 调查”早期对案件中的某些决定性问题在立案后的 100 天之内提前进行审理并作出裁决，旨在为特定前置性问题提供快速的证据开示、事实查明和裁决机制。①2015 年 9 月，ITC 发布“337 调查”规则的修改草案，增加了“在调查开始的 30 天内，当事人可以提出动议请求行政法官对潜在的案件决定性问题进行早期调查，行政法官也能自行确定是否存在可能的案件决定性问题”的规定。2018 年 5 月，“百日程序”正式转正，ITC 后期的战略计划也致力于发挥“百日程序”提高调查效率的作用。对此，可以预见的是“百日程序”的使用会不断增加，“337 调查”程序不断趋于简化和快捷。

2021 年 5 月，ITC 颁布关于允许行政法官就某些特定问题在全面听证之前进行临时初裁的试点计划。试点计划赋予行政法官启动临时初裁试点计划的权限，其问题范围较“百日程序”更大，不仅包括对案件具有决定性的问题和在全面听证之前可以解决重大问题的事项，还包括有利于促成和解或有助于解决当事方全部争议的问题。ITC 行政法官可以根据自由裁量将其认为合适的问题纳入试点计划，也可以允许当事人就可落入问题范围的事项提起动议。② 可见，新的试点计划进一步凸显 ITC 提高案件解决效率、加速解决争议的倾向。

总体而言，ITC 关于案件执法程序的简化行动对提高其知识产权相关案件执法效率，快速判定侵权行为是否存在，节省当事人时间与精力成本，减少企业经营活动受调查程序影响等而言具有积极作用。随着各国知识产权保护水平的上升和企业诉讼能力的增强，无论是原有在调查中占优势的国家及其企业，还是以往在该程序中处于被动地位的国家及其企业，都有可能通过在 ITC

---

① 知产前沿. 337 调查中国企业涉诉案件跃居新高［EB/OL］.［2022 - 06 - 07］. http：//www. ipforefront. com/m_article_show. asp？ id = 19&Bigclass = % E8% A7% 82% E7% 82% B9.

② 冉瑞雪，王胜. ITC 启动加速解决争议的新试点计划［EB/OL］.［2022 - 06 - 07］. https：//baijiahao. baidu. com/s？ id = 1700083064358788867&wfr = spider&for = pc.

提起调查申请或积极应诉以充分利用其中程序来维护自身利益。从这个角度看，如果美国能够抑制其将“337 调查”作为打击贸易伙伴工具的行为，使得 ITC 能够以更客观的态度处理所有申请人和被申请人的诉求，其所提供的执法程序便能对国际知识产权执法水平产生更多有益影响。

（二）“301 调查”及其对知识产权执法水平的影响

美国除了通过“301 调查”审查和评估其贸易伙伴国家包括知识产权在内的相关国家政策、法律法规等以外，还密切关注各国的知识产权执法情况。其也往往将各国是否“解决”现存问题与是否对被调查国采取和“301 条款”相关联的贸易制裁手段联系起来。

充满单边主义和贸易保护主义意味的“301 调查”，之所以能够影响其他国家的知识产权执法水平，并且在一定程度上实现国际知识产权执法水平的提升，不仅在于其以关税等手段作为威慑，还在于各国受到“301 调查”所传递的发达国家知识产权强保护理念的影响，进而事实上不断提升知识产权执法标准。实际上，各国在知识产权执法上取得的进步，是在压力之下“倒逼”加上自身逐渐演进的结果。必须承认的是，从另一个角度来看，各国在以更严格的态度对待国内知识产权执法保护工作的同时，事实上也实现了自我检视，发现了自身存在的问题，有利于从其创新发展的内在需要出发，加大对侵权行为的打击力度，提高执法工作的质量与效率，从而实现知识产权执法水平的提升。

1.《特别 301 报告》留意各国执法问题挑战及新进展

《特别 301 报告》背靠“特别 301 条款”，同时作为“特别 301 调查”的前提，在一定程度上可以反映美国“301 调查”对各国知识产权问题的关注焦点。透过《特别 301 报告》内容，在忽略掉美国的一些不实之词之后，仍可以看到各国知识产权执法工作或多或少存在的一些问题，特别是各国在打击假冒产品的边境执法和刑事执法、商业秘密执法保护、商标保护行政程序等方面仍面临许多挑战。第一，在打击假冒产品执法上，执法部门在应对假冒商品在线销售问题上面临着困难。目前，越来越多的造假者使用合法物流小批量运输假冒商品，或者将产品与假冒标志、假冒包装分开运送，以此避免被执法人员拦截。造假者也越来越多地通过允许“消费者对消费者”（consumer - to - consumer）进行销售的平台在在线市场上销售假冒商品，使得假冒生产和销售活动更隐蔽，也更难追踪。第二，在商业秘密执法保护上，各国都存在不足。《特别 301 报告》指称包括中国、印度和俄罗斯在内的一些国家的商业秘密盗窃难以获得有效的补救措施，许多国家也没有对此提供足以阻止的刑事处罚。第三，在商标保护上，许多国家商标权的保护存在法律和程序上的障碍，商标注册的相关行政程序尚缺乏透明度和一致性。应当注意的是，以上问题并不排除美国因调查不甚严谨或出于自利目的故意歪曲而导致的失实。对于这些问题，《特别 301 报告》称“将使用所有可用的贸易工具”予以解决，凸显了美国“敦促”各国采取行动的强硬甚至是蛮横态度。

2. 各国回应知识产权关切的实际行动客观强化执法实践

在高压推动之下，同时也出于自身创新发展的需要，各国对知识产权执法工作的关注度持续上升，取得了许多执法工作上的积极进展。第一，采取更有力的执法措施，加大了知识产权侵权行为执法力度。如对于商标恶意抢注的问题，我国国家知识产权局 2021 年发布了《打击商标恶意抢注行为专项行动方案》，严厉打击我国多年来屡禁不止的商标恶意抢注行为。同时，通过修订《商标法》，加大对恶意抢注商标行为的打击力度。对于假冒产品实体市场，不仅严厉查处假冒产品生产与销售行为，而且引导市场与企业商家保护知识产权，走上转型升级之路。阿拉伯联合酋长国（The United Arab Emirates，UAE）知识产权执法部门加大了对在线和离线知识产权侵权行为的调查力度，并继续扣押和销毁假货，还建立了第一个集体管理组织（CMO）以许可印刷品的实物和数字复制。第二，引入知识产权执法协调机制，加强了机构间的执法合作，提升了知识产权执法效率。如泰国设立由总理和副总理分别领导的机构间国家知识产权委员会和知识产权执法小组委员会；沙特阿拉伯设立国家知识产权执法委员会；罗马尼亚任命其首位国家知识产权执法协调员，增加知识产权调查官员以及恢复知识产权工作协调组会议。第三，设立专门的知识产权执法部门，针对性处理知识产权案件，实现执法队伍专业化、专门化。如马来西亚的国内贸易、合作和消费主义部下设负责知识产权执法的互联网特别调查组；罗马尼亚设立了新经济警察部专门处理网络盗版案件；沙特阿拉伯建立专门的知识产权法院，实现与国家知识产权执法委员会的互相协作。鉴于各国执法实践的成绩值得肯定，美国也在《特别 301 报告》中进行了名单调整，如沙特阿拉伯在 2022 年《特别 301 报告》中被移出“优先观察名单”，罗马尼亚从“观察名单”上除名。

可以说，各国的知识产权执法近年来都有所强化，取得了明显的进步。以上不仅是各国对美国相关关切的回应，更多的是各国以强保护标准对自身知识产权执法严格要求的体现。作为新兴大国，中国对知识产权的保护力度以及在执法上所作出的努力，也不断为国际知识产权执法水平的提升作出表率。随着各国参加全球知识产权治理程度的深化和知识产权国际合作机制构建的完善，可以预见，全球知识产权执法保护也将继续向更高水平发展。

（三）“恶名市场调查”对知识产权执法水平的影响

1.《恶名市场报告》关注并评估假冒与盗版执法工作现状

“恶名市场调查”相较于“一般 301 调查”和“特别 301 调查”而言更具有针对性，其特别侧重对假冒与盗版执法工作的调查。美国确定“恶名市场”名单的目的主要包括两个：一方面，美国认为特定市场严重侵犯了美国相关权利主体的利益，鼓励权利人采取措施维护自身利益；另一方面，美国鼓励各国政府加大假冒与盗版打击力度，减少假冒和盗版行为。该调查仍然以“美国标准”对全球市场进行评估，但同样地，“美国标准”既体现了美国利益本位的标准，也代表了知识产权保护的高标准。因此，该调查在“冲击”各国的同时，也是对各国执法工作状况的严苛审视和严格要求。

近十年，《恶名市场报告》名单涉及的市场数量整体呈上升趋势，2011 年名单所涉市场为 33 个，而至 2021 年名单所涉市场为 77 个。可见，美国对他国知识产权执法工作的评估范围越来越大，涉及市场越来越多，这也反映出评估标准越来越严格的事实。2021 年《恶名市场报告》在涉及我国的部分中，一方面认为虽然在疫情的影响下实体市场的人流量已大量减少，但是实体销售点仍作为线上商品交易的联系点而普遍存在；另一方面则在互联网市场领域将全球速卖通和微信首次列入名单，认为微信中形成了一个无缝运行的电子商务生态系统，假冒产品分销与销售在其中泛滥。对于实体市场假冒与盗版产品的泛滥，《恶名市场报告》通常认为应归咎于各国执法不力、检查不足以及假冒产品销售者日益隐蔽的行为手段；对于网络市场存在的假冒与盗版问题，《恶名市场报告》对平台资质审查义务、平台惩罚机制的设计，以及对假冒商品销售者的清理等提出严格要求，赋予网络平台严格的盗版假冒打击责任。

除此以外，每年《恶名市场报告》关注各国市场出现的新型、值得重点关注的知识产权侵权行为，对其进行讨论。2016 年度《恶名市场报告》首次将“流抓取”（stream ripping）作为侵权模式，并将其典型代表 YouTube - MP3 网站列入名单；2017 年度《恶名市场报告》关注非法流媒体设备（ISD），并在名单中增加了连接 ISD 与非法内容的 TVPlus、TVBrowse 和快看；2018 年度《恶名市场报告》首次关注自由贸易区的盗版和假冒商品问题；2019 年度《恶名市场报告》关注恶意软件和网络盗版；2020 年度《恶名市场报告》关注电子商务及互联网平台在促进假冒及盗版产品进口美国方面的作用；2021 年度《恶名市场报告》则关注假冒产品制造中的劳工虐待现象。对于问题和挑战存在的原因，《恶名市场报告》也指出各国存在执法检查不足、执法措施有效性不够、执法机构之间缺乏协调、执法透明度低、监管不力的情况。

2. 各国加大假冒与盗版的打击力度，促进执法保护水平提升

虽然美国贸易代表办公室在《恶名市场报告》中表示，恶名市场名单并不旨在反映违法行为的调查结果，也不代表美国政府对名单所涉国家知识产权保护和执法环境的分析，但其作为美国官方部门出台的报告，将对各国市场产生较大影响，因而各国对《恶名市场报告》的评估亦采取审慎分析和理性对待的态度。具有知识产权战略意识，秉持负责任态度的中国也从不忽略来自任何一个国家的声音，但也不会照单全收，而是会作出自己的判断。

对于确实存在的假冒商品和盗版问题，各国从政府执法、政府以外的执行等方面谋求解决方案与措施。第一，加强对假冒和盗版行为采取的行政检查和刑事执行。如我国知识产权执法部门在义乌国际商品城、秀水街、罗湖市场、金都和站西服装批发市场以及南方钟表贸易中心采取打击假冒的执法和突击检查行动；沙特阿拉伯海关销毁在海陆空口岸查获的两百多万件假冒伪劣产品，同时致力于开发自动化系统，通过加强对商品进口的控制以严厉打击假冒商品。① 越南反走私、打击贸易欺诈和假冒商品指导委员会发布计划，明确 2022 年春节期间销售假冒商品的行政处罚和刑事责任。第二，加强打击盗版和假冒商品部门之间的协

① 沙特海关销毁 200 余万件假冒伪劣商品 [EB/OL]. (2020 - 11 - 30) [2022 - 06 - 15]. http: //www. mofcom. gov. cn/article/i/jyjl/k/202012/20201203020784. shtml.

调与合作。如巴西成立“打击盗版和制止侵犯知识产权全国委员会”，委员会由来自联邦警察局、税务局、海关等部门的工作人员组成，实现各部门之间的联动与协调。该委员会出台了2020—2025年度打击盗版和侵犯知识产权犯罪全国行动计划，充分显示巴西打击盗版和假冒商品的决心。[①] 2021年印度尼西亚成立新的知识产权执法工作组，加强政府内部的知识产权执法工作协调性。第三，推进合法生产和销售的正品认证计划，压缩盗版和假冒商品的生存空间。如印度尼西亚推出商场和购物中心认证计划，由知识产权局对申请认证的商场和购物中心进行审查并颁发认证证书。第四，加强互联网平台对网络盗版的监督和清理。德国互联网服务提供商与版权持有人联合成立“互联网版权清理机构”，先由审查委员会对收到的盗版网站举报信息进行结构性侵权判断，再由德国政府的联邦网络管理局（BNetzA）对相关域名进行审查，对于公然侵权的盗版网站，由德国互联网服务提供商实施DNS屏蔽。

各国在打击假冒商品和盗版方面执法工作的积极进展，反映着各国在知识产权执法体制机制上的完善，在假冒和盗版行为政府打击力度上的加大以及执法联动程度上的加深，在政府与非政府主体合作保护知识产权上的共同努力与进步。而这些努力与进步，也在逐步推动着国际知识产权执法水平的提升。

（四）域外长臂管辖对知识产权执法水平的影响

长臂管辖权原是美国法的特有概念，由属人管辖权衍生而来，指“对不在法院地居住、但与法院具有特定联系的被告所享有的管辖权”，[②] 其主要的法律依据为美国《出口管理条例》和

① 章江．巴西：盗版侵权猖獗［J］．检察风云，2020（24）：56－57.

② GERGEN M P. Constitutional limitations on state long arm jurisdiction ［J］. The University of Chicago Law Review, 1982, 49 (1).

《反海外腐败法》等。相较而言，中国对长臂管辖的理解更为宽泛。根据我国《关于中美经贸摩擦的事实与中方立场》所指，长臂管辖是“依托国内法规的触角延伸到境外，管辖境外实体的做法”①。实质上，我国政府所定义的“长臂管辖”是指外国法院在立法、司法和行政等领域形式多样的域外管辖权，特别是美国单方面将其国内法适用于域外之“法律霸凌行径”。②

长臂管辖在理论上是法院在复杂多变的现实场景中灵活运用管辖权，发挥审判作用所需；但在实践中，欧美法院滥用长臂管辖对他国司法主权和相关经济活动造成了较大的负面影响。长臂管辖权的滥用是西方国家在单边主义思想下争夺、僭越他国司法主权的表现，对各国知识产权司法保护提出了挑战。世界各国对来自外国法院的长臂管辖行为的积极回应，以及在建立和完善适度且合理的域外管辖制度方面的尝试，有利于提高全球整体反制和应对司法管辖权滥用的能力，从而推动知识产权司法保护水平的提高。

1. 西方法院滥用长臂管辖权实现单边主义扩张

长臂管辖在国际法上的合法性，不是一个单纯是与非的问题，而是一个度的问题。③ 目前，西方法院利用长臂管辖行为将霸权触角延及他国司法主权领域，损害他国主权和利益，就是超越了合理限度，违背了长臂管辖权本身的限制标准，明显不具有合理性和公正性。④ 美国是滥用长臂管辖，实现管辖权域外扩张

---

① 中华人民共和国国务院新闻办公室. 关于中美经贸摩擦的事实与中方立场［R/OL］.［2022－06－10］. http://www.scio.gov.cn/37236/38180/Document/1638218/1638218.htm.

② 霍政欣，金博恒. 美国长臂管辖权研究：兼论中国的因应与借鉴［J］. 安徽大学学报（哲学社会科学版），2020，44（2）：81－89.

③ 王薇. 国际民事诉讼中的“过度管辖权”问题［J］. 法学评论，2002（4）：62－67.

④ 李凡，郜宙翔，李芮. 涉外知识产权诉讼中长臂管辖的影响与应对［J］. 中国发明与专利，2021，18（4）：63－69.

的典型代表。从日本东芝，到法国阿尔斯通、德国西门子、英国汇丰银行，再到中国的中兴和华为，各国可谓深受美国长臂管辖所累。以近年来经典案例法国工业明珠阿尔斯通案为例，便可一窥：2013 年，美国发现阿尔斯通美国分公司涉嫌对印度尼西亚、埃及等国进行贿赂以获得工程资格，认定阿尔斯通违反《反海外腐败法》，并逮捕了包括皮耶鲁齐在内的 4 名高管。2014 年，美国对阿尔斯通处 7.72 亿美元罚款。与此同时，美国通用电气对阿尔斯通发起收购战，对阿尔斯通的核心业务进行收购，并取得法国境内核电站的部分控制权。在欧债危机、能源结构性调整和美国打压的多重影响之下，阿尔斯通遭受重创，以被瓦解告终。

就我国而言，西方法院滥用长臂管辖权损害我国利益的行为主要体现于两大领域案件之中：第一，标准必要专利领域。西方法院依据长臂管辖制度，主动裁定涉案标准必要专利的全球费率，否则将通过颁发永久禁令将相关企业排除于市场之外，如华为与无限星球的标准必要专利纠纷。在平行诉讼频发的背景下，西方法院通过发出诉讼禁令限制另一法域法院行使管辖权。如在华为与无限星球标准必要专利纠纷中，华为公司就曾因英国法院作出的禁诉令而被迫撤回在深圳中院对无限星球的起诉；① 在华为与三星标准必要专利纠纷中，加州法院曾裁定华为不得在中国地区寻求执行深圳中院的胜诉裁决。第二，电子商务知识产权领域。电子商务活动打破了传统商务贸易时间和空间上的限制，因此其所涉主体、地域等也更为复杂，当中的知识产权问题涉外性更强，更易受到长臂管辖的干涉，如希米亚诉阿里巴巴网络有限公司和阿里巴巴集团案。②

---

① 蒋华胜. 标准必要专利案件审理中的问题及应对［EB/OL］.［2022－06－08］. http：//rmfyb. chinacourt. org/paper/html/2021－05/13/content_204367. htm？div＝－1.

② CEPIA，LLC，Plaintiff，v. ALIBABA. COM HONG KONG LIMITED，et al.，Defendants.，2012 WL 3581373.

长期来看，西方法院特别是美国法院的长臂管辖行为已呈现出肆意扩张的趋势，美国法院对长臂管辖的滥用早已超出了其本身的限度，导致管辖权的国际冲突。①实践中，美国法院的长臂管辖行为也没有遵守其宪法的“正当程序”要求，深受政治和外交政策的影响，具有明显的扩张性和不确定性，不仅常常违反应承担的国际义务，还会侵犯其他国家的主权，毫不顾及国际礼让和国际法上的“合理性”要求。②长臂管辖是美国等西方国家推行单边主义的惯常手段，因此，对长臂管辖的滥用本质上就是单边主义在司法领域扩张的表现。

2. 各国通过积极应对和反制强化涉外司法保护

面对域外长臂管辖滥用，欧盟、中国等对如何应对长臂管辖，增强自身反制能力，提高涉外案件的司法保护水平亦有了一定思考与行动。

在长期遭受美国长臂管辖干扰的背景下，欧盟在前期主要通过反垄断法对美国微软、英特尔、高通、谷歌等企业进行罚款以示抵抗。近年来，欧盟通过实行欧洲版的长臂管辖，对来自美国的长臂管辖实施更有力的反击，如欧盟出台《一般数据保护法案》（General Data Protection Regulation，GDPR），对个人信息保护及监管予以高度重视，构建起了GDPR与设立于欧盟之外的企业的连接。除此以外，欧盟还通过完善阻断法案为反制任意适用的长臂管辖作出努力，其于2018年对《免受第三国立法及由此产生行动之域外适用影响的保护法案》，即《欧盟阻断法案》进行了更新。法国通过《透明、反腐斗争及经济生活现代化法案》（“萨潘Ⅱ”法案）加强反腐败法的制定，将打击跨国腐败的国

---

① 霍政欣，金博恒．美国长臂管辖权研究：兼论中国的因应与借鉴［J］．安徽大学学报（哲学社会科学版），2020，44（2）：81－89．

② 肖永平．“长臂管辖权”的法理分析与对策研究［J］．中国法学，2019（6）：39－65．

内法提升至国际标准，其规定甚至比美国和英国的反腐败法律更加严格，并明确了法律管辖权扩张，实现与美国长臂管辖权的抗衡。空中客车案，便是其实例之一。欧洲国家可谓苦美国长臂管辖久矣，其在不断完善应对机制和反制制度的同时，也实现了对司法主权受扰困境的突破，推动了本国涉外司法诉讼能力的提升和蜕变。

美国在实践中普遍将长臂管辖制度作为侵犯他国司法主权和当事人诉讼利益、实现霸权主义和单边主义的工具，这一贯为我国所反对和禁止。同时，面对欧洲国家对长臂管辖制度从抵御到模仿的转变，我国需要有所警示，并且应预见长臂管辖的滥用在短期内无法消除。事实上，中国法院一直秉持较严格的法域主权立场，但在国外法院相继判决标准必要专利全球许可费率的情形下，也开始考虑更好的应对之策：如在中兴与康文森（Convensant）的标准必要专利纠纷中，深圳市中级人民法院在受理在先的情况下，裁定康文森在本案终审判决作出之前禁止申请执行杜塞尔多夫法院的停止侵权判决；[①] 在华为与康文森的标准必要专利纠纷中，最高人民法院在要求华为公司提供担保的基础上，裁定禁止康文森在最高人民法院终审判决前申请执行杜塞尔多夫法院在2020年8月27日作出的判决。[②] 可见，我国在实践中已逐步以“禁诉令”形式实施适度的域外管辖，提高涉外知识产权案件司法保护水平与司法管辖冲突应对能力。2021年，我国商务部出台了《阻断外国法律与措施不当域外适用办法》，标志着中国也开始建立应对域外长臂管辖滥用的反制体系。

在应对长臂管辖滥用上，各国不仅加强对域外司法干涉的防御能力，而且通过体制机制完善，采取更具有反击力的管辖措施，增强司法应对能力、保护能力。可以说，各国应对、反制长

---

① 深圳市中级人民法院（2018）粤03民初335号之民事裁定书。

② 最高人民法院（2019）最高法知民终732、733、734号之民事裁定书。

臂管辖滥用的积极行动，为知识产权领域长臂管辖滥用问题处理提供了实在支撑，使得全球知识产权司法保护在制度力量相称的情况下向更高保护水平进发，知识产权司法执法保护更趋于完善而公平，更利于全球创新激励与保护。

第四节　逆全球化新动向的影响

伴随着全球化不断向纵深发展，逆全球化力量也在不断推进，影响着世界格局。有学者认为，逆全球化存在三个重要节点，分别为2008年全球性金融危机；2016年英国脱欧、欧洲右翼民粹主义高涨、美国特朗普当选总统；2020年后的全球新冠疫情以及俄乌冲突。[①] 三个重要节点不仅代表着逆全球化产生、发酵和流行，也代表着一向被视为“政治正确”的经济全球化遭受着越来越严重的信任危机。而受此影响，在国际经贸中占据重要地位的知识产权国际规则被不断冲击，进而对全球知识产权保护水平产生深刻影响。尤其是，在新冠疫情和俄乌冲突的催化下，世界格局和世界秩序重构进程加速，原本处于不断上升趋势的知识产权保护水平发生着令人担忧的变化。

一、新冠疫情中的逆全球化表现对知识产权保护水平的影响

当今世界处于复杂而多变的背景之中，逆全球化思潮在西方发达国家的鼓吹之下不断发酵。2019年年末突如其来的新冠疫情更是成为全人类发展的新变局，民族主义和民粹主义伺机植入许多西方国家防疫意识并外化于防疫政策和措施，以此阻碍全球

---

① 宋德孝. 逆全球化的根源、本质与出路：基于唯物史观的视角［N］. 中国社会科学报，2022-03-01（2）.

抗疫合作，深化逆全球化。在民族主义的主导下，一些西方国家以本国利益为先，通过过量囤积、抢占原料、限制出口等措施，保证本国疫苗和新冠治疗药品等物资主导权和话语权，阻碍其他国家防疫工作开展。发展中国家通过实施强制许可、呼吁知识产权豁免等寻找抗疫出路，而新冠相关知识产权豁免历经长时间谈判最终才艰难达成。但同时，以制药界为主的知识产权权利人对知识产权保护的担忧与焦虑也逐步凸显。在如此背景之下，各国对新冠疫苗、药品等知识产权利用和保护的措施，客观上对国际知识产权保护水平产生了复杂的不同的影响。

除此以外，许多国家为防疫封锁边界、限制贸易往来、鼓励企业回归，企业试图减少对外依赖，其产业链布局偏好从风险型转至稳健型、从外扩型转至短链型。基于此，全球政治和经济由多边化向区域化转向越发深化。而随着发达国家本地化生产的完善和科学技术的发展，各区域现存比较优势可能从劳动力等要素更多地向技术、创新政策等要素偏移，知识产权保护因素在产业链布局中进一步得到倚重。可预见，产业链的变化将带动区域一体化发展，而创新要素在区域化中地位的提升将促进高附加值产业聚集区域的形成，进而促进国际知识产权保护水平在区域局部和世界总体层面上发生变化。

（一）发达国家竞相争夺疫苗等防疫物资主导权，阻碍全球抗疫进程

新冠疫情暴发前，以美国为首的西方国家对自身全球优势地位动摇已深感担忧，在维持以其利益为本位的、由其建立起来的国际经济与政治秩序上也动作颇多。在疫情暴发之后，西方国家重建其世界霸主地位的策略思路，也从在政治和经济领域实施单边主义与保护主义，发展到在全球抗疫中抢占新冠疫情预防与治疗的制高点。其通过最小化疫情对本国的影响，实现经济发展对比优势的最大化，进而维持自身优势地位。接种疫苗是预防新冠

疫情的最重要手段，因此，疫苗民族主义和保护主义在疫情早期首先在西方国家盛行。

在新冠疫情暴发早期，美国特朗普政府便在吸纳国外疫苗研发人员、收购外国疫苗研制企业、为国内新冠疫苗研发提供专门资金支持方面有所行动。英国、法国、德国、日本等也逐渐参与到该场争夺战之中，试图控制疫苗生产专利、抢夺疫苗研发主导权。① 同时，以中国为主的具有研发与生产能力的发展中国家亦迅速开展疫苗研发和试验工作，以减少争夺战对本国以及世界疫情应对的负面影响。2020 年 3 月，莫德纳与美国国家过敏症和传染病研究所联合研发的新冠疫苗进入Ⅰ期临床试验。2020 年 4 月，中国军事医学研究院陈薇院士团队和康希诺生物联合研发的疫苗成为Ⅱ期临床试验候选者。2020 年 5 月，牛津大学和阿斯利康联合研发的疫苗（AZD1222）率先进入最为关键的Ⅲ期临床试验。② 随着新冠疫情在西方的暴发，美国总统特朗普部署“曲速行动”计划，通过整合国内外资源为美国提供 3 亿剂安全有效疫苗，英国政府也宣布了在疫苗方面达成 8 项交易的工作计划，以确保国内优先接种。为了保护本国在疫苗供应上的绝对优势和稳定性，一些西方国家超量囤积疫苗，甚至在资源过剩的情况下仍置其与盟友间的承诺于不顾，并排除其他国家在疫苗原材料获得上的权利。最初，墨西哥和加拿大在向美国寻求新冠疫苗供应援助时，也并未得到美国的援手。由于美国后期面临的外界压力逐渐增大，才分别向墨西哥和加拿大提供 250 万剂和 140 万剂新冠疫苗。此外，美国更搬出《国防生产法》，阻碍其他国家对疫

---

① 罗圣荣，赵祺，张新. 新冠疫情下疫苗民族主义的缘起、表现及其影响 [J]. 世界民族，2021 (5)：1-10.

② 澎湃新闻. 新冠疫苗研发赛道上谁最早起步？谁暂时领先？[EB/OL]. (2020-08-31) [2022-06-22]. https://view.inews.qq.com/a/20200831A01YBQ00.

苗生产原材料的进口，使得其他国家的疫苗生产陷入困境。①

除疫苗外，各国对其他防疫物资的可及性也遭到西方国家的破坏，如美国一度限制本国生产的 N95 口罩出口，却要求印度继续向美国出口药品羟氯喹；英国也曾限制与新冠治疗有关的 80 种关键药品出口，其中包括可以用于一般治疗的止痛药、麻醉剂等。在民族主义和保护主义的主导之下，一些西方国家快速夺得防疫物资主导权，但其却以“利我”而非“利他”的思维实施支配地位，扼紧他国获取物资的咽喉。若非有足够的经济能力负担购买和运输费用或拥有研发或仿制能力，其他国家只能在水深火热之中等待“盟友”的援助。因此，当逆全球化思潮、民族主义和民粹主义与新冠疫情结合时，其他国家为寻出路，逐渐转向寻求强制许可制度和新冠相关知识产权豁免的帮助。

（二）新冠相关知识产权强制许可成为抗疫出路，制药企业受压让步

随着疫情在发展中国家的蔓延和病毒新变种的陆续出现，急需药品和疫苗的国家借助强制许可制度，呼吁相关知识产权豁免，争取抗疫资源获取。西方发达国家部分以保护知识产权为由对此坚决反对，或提议通过折中方案解决疫苗、药品等全球供给问题；部分主张对新冠相关知识产权实施豁免，却同时采取限制出口等措施保护本国优势。企业为保护创新成果，则极力反对新冠疫苗和相关治疗药物知识产权豁免。可见，由以美国为首的西方国家在疫情之初采取民族主义主导的应对方式所引发的全球防疫物资分配矛盾，已逐步转移至知识产权领域，并引发知识产权保护水平的变动。

① 刘亚南.“疫苗民族主义”凸显一个“自私的美国”[EB/OL].（2021-03-19）[2022-06-22]. http://news.cctv.com/2021/03/20/ARTI5WiSifFn8i7QlykVNVwO210320.shtml.

其中，相较于研发技术、获得许可而言，强制许可制度将向众多发展中国家提供以更低成本获得仿制药品的弱势补足机制；而相较于尚待谈判的直接豁免而言，现有强制许可制度能够更快地满足各国将物资迅速投入疫情防控的需求。因此，依靠强制许可制度获得对新冠疫苗和治疗药物、相关器械等的生产和进口，是经济和研发能力相对较弱的国家在大国互相竞逐的背景下应对疫情危机的首选路径。如智利便在2020年年初探索与新冠疫情相关医药产品的强制许可，由下议院通过决议允许政府对对抗疫情的任何药物、疫苗和诊断试剂颁发强制许可；以色列颁发克力芝、依匹那韦、利托那韦等药品的进口强制许可；厄瓜多尔批准关于卫生部部长颁发新冠疫情相关专利产品强制许可的决议。除发展中国家以外，西方发达国家也在完善强制许可制度方面做了相关准备。如德国于2020年3月颁发《国家防治全国性流行病保护居民法》，授予联邦卫生部及其下属机构颁发强制许可的权利；同月，加拿大颁布《新冠肺炎紧急响应法》，引入了新冠病毒公共卫生突发事件下的强制许可。①

疫情之下资源有限，在各民族国家根本利益间冲突暂时无法解决的情况下，知识产权保护与公共卫生安全危机应对之间冲突的解决便为各国所关注，上述强制许可逐渐增多便是明显表现。但同时，疫情之下强制许可扩大也给部分制药企业带来了巨大压力，使其在一定程度上放弃相关知识产权权利。如辉瑞公布其新冠候选疫苗的临床试验数据；克力芝的原研商艾伯维（AbbVie）公司宣布放弃克力芝的全球许可限制，美国迈兰制药（MYL. US）放弃对克力芝仿制药的在美独家经销权；吉利德（Gilead）公司在瑞德西韦（Remdesivir）获得美国FDA的孤儿药认定后，向FDA申请撤销认定并放弃与孤儿药有关的权益；瑞士罗氏制药公

---

① 郑友德．全球合作抗击新冠病毒蔓延的知识产权对策：上［J］．电子知识产权，2020（4）：73－84．

司（Roche）在荷兰政府的施压下同意公开其进行新冠病毒测试剂的液体配方。

可以说，强制许可的增多，以及制药企业部分或全部放弃知识产权，是新冠疫情暴发期间知识产权权利人向社会作出权利让渡，知识产权私权保护向公共利益让步的表现，这是各国应对疫情的无奈之举。在积极层面上，其有助于各国公共卫生危机的解决；而在消极层面上，其以知识产权保护水平受影响而下降为结果，无疑增加了医药企业对知识产权被掠夺的焦虑，从而致使创新受限。

（三）新冠相关知识产权豁免谈判在艰难中达成，而期待与担忧同至

知识产权豁免相较于强制许可而言，可以在费用成本和作用效率方面为被豁免各国提供更大的优势，因此从疫情开始便被越来越多国家所呼吁。2020 年 10 月，印度和南非公开向 WTO 递交信件，希望能够在预防、遏制与治疗新冠肺炎方面寻求 TRIPS 中的一些知识产权条款的有时限豁免。[①] 这是经济和科技实力处于劣势的国家在受新冠疫情影响严重，又面临西方国家为自利自保而漠视国际合作的多重困境时，向知识产权豁免寻求出路的表现；也是 WTO 成员在逆全球化、民族主义和新冠疫情三重高压之下向多边机制求助的表现。然而，在印度和南非等国家呼吁相关专利权豁免之初，包括美国、英国和欧盟在内的西方国家和地区均反对这一举措，直至 2021 年 3 月在瑞士日内瓦举办的 WTO 谈判中，其抵制的一致立场也并未改变。

而 2021 年 5 月，新上台的美国拜登政府开始在新冠疫苗保

① 刘艳秋. 印度和南非请求 WTO 有时限豁免 TRIPS 部分条款［EB/OL］.（2020 - 10 - 09）［2022 - 06 - 21］. http：//ipr. mofcom. gov. cn/article/gjxw/gbhj/yzqt/yd/202010/1955709. html.

护方面一反特朗普政府的立场，宣布将支持暂时豁免对新冠疫苗的知识产权保护。① 究其原因，此举可归为美国迫于国内外压力进行的“政治举动”以及对本国疫苗接种情况衡量后对全球防疫抗疫的“次位考虑”。毕竟美国在支持疫苗知识产权豁免的同时，仍然限制疫苗以及生产疫苗所需原材料的出口，其似乎并未真正地试图解决疫苗的可及性问题。同时，WTO 成员就此谈判所需要的时间，已足够美国完成疫苗注射并继续囤积疫苗。而在美国高调呼吁后，承受压力的便是疫苗接种工作推进有限的欧盟国家。对此，欧盟国家和英国仍然反对该主张。在美国公开支持新冠疫苗知识产权豁免之后，欧盟就新冠疫苗知识产权分享问题进行讨论，其中德国与法国明确表示反对豁免。德国时任总理默克尔表示，她并不认同美国拜登总统建议放弃对新冠疫苗的知识产权保护的决定。默克尔在一份声明中指出：“限制疫苗生产的因素是产能和高质量标准，不是专利。”② 欧盟委员会主席冯德莱恩也认为知识产权豁免并非解决疫情问题的关键，并表示欧盟决定暂缓豁免。③

2022 年年初，新冠疫苗知识产权暂时豁免谈判取得一定进展，但印度、南非、欧盟、美国四方所达成的草案文本不但与最初提案大相径庭，而且提出了“合格成员”标准，将豁免对象限定于 2021 年疫苗出口不到全球新冠疫苗剂量 10% 的 WTO 成

---

① Statement from Ambassador Katherine Tai on the Covid – 19 TRIPS Waiver [EB/OL]. (2021 – 05 – 05) [2022 – 06 – 20]. https://ustr.gov/about – us/policy – offices/press – office/press – releases/2021/may/statement – ambassador – katherine – tai – covid – 19 – trips – waiver.

② 李忆. 是否跟进美国主张免除新冠疫苗的专利保护？欧洲态度保留 [EB/OL]. (2021 – 05 – 08) [2023 – 12 – 15]. https://www.caixin.com/2021 – 05 – 08/101707965.html.

③ ACHAL P, ARJUN J, DEAN B. Want vaccines fast? suspend intellectual property rights [N]. 纽约时报, 2020 – 12 – 07.

员，试图将中国等疫苗主要供应国排除在外。该限制的存在，无疑向外界输出一种与全球合作抗疫背道而驰的信号：促使成员在困难时期采取内向政策并限制出口。① 2022 年 6 月，WTO 第十二届部长级会议最终达成了关于豁免新冠疫苗知识产权的协议，为各国抗疫带来了新的希望。而为推动该成果的取得，中国将本国研发的疫苗纳入豁免范围，同时承诺放弃对新冠疫苗知识产权豁免灵活性的利用。可见，在达成关于新冠疫苗知识产权豁免的过程中，逆全球化与全球化力量相互博弈、此消彼长，达成共识的过程并不轻松。而豁免最终在艰难中达成，也表明了虽然全球化受到挫折，但各国你中有我、我中有你、通力合作、共同发展的大趋势不会改变。

当然，知识产权豁免协议的达成，势必引发知识产权权利人关于知识产权保护的讨论。事实上，无论是在谈判期间，还是在协议达成之后，来自制药界的反对声均颇为强烈。美国制药巨头辉瑞公司 CEO 阿尔伯特·伯拉表示坚决反对放弃疫苗知识产权，认为此举不仅将引起投资方面的混乱，而且会扰乱原材料供应和流通的秩序，给辉瑞疫苗生产造成阻碍。② 其强调，辉瑞在疫苗公平分配方面已经作出了实在的努力，行动未达到预期效果，原因在于来自发展中国家的订单量不够多。德国 BioNTech 疫苗生产商认为，疫苗知识产权保护并非限制他国获得疫苗的原因所在，真正限制疫苗获得的是各国的生产能力以及生产疫苗所需要的高标准。除此以外，美国药品研究和制造商协会总裁兼首席执行官史蒂芬·尤比（Stephen J. Ubl）对豁免协议提出强烈批评，

---

① Statement by H. E. Ambassdor Li Chenggang at informal meeting of TRIPS Council [EB/OL]. (2022 - 05 - 06) [2022 - 6 - 23]. http://wto.mofcom.gov.cn/article/newsupdates/202205/20220503310786.shtml.

② BOURLA A. An open letter from Pfizer Chairman and CEO to Colleagues [EB/OL]. (2021 - 05 - 07) [2022 - 6 - 19]. https://www.pfizer.com/news/articles/why_pfizer_opposes_the_trips_intellectual_property_waiver_for_covid_19_vaccines.

并呼吁世界各国解决疫苗盈余的分销和管理障碍。美国商会全球创新政策中心高级副总裁帕特里克·基尔布赖德（Patrick Kilbride）认为“当今世界充斥着疫苗剂量”，而放弃知识产权不仅没有解决“最后一英里挑战”，而且将限制创新公司投入资源以快速发现下一场全球危机并提供解决方案的能力。①

必须承认的是，通过知识产权豁免减少相关国家在抗疫工作上的压力和难度，对增加其抗疫成功可能性确实有所帮助。相较于实施强制许可或自主研发而言，通过WTO寻求相关知识产权的豁免能使经济能力和研发能力不足的国家以更低的成本，通过更直接、快速的途径获得疫苗等防疫产品。但是，知识产权只是各国解决疫情防控和治疗问题的其中一个关口，尽管获得豁免，并不意味各国可以生产制造出疫苗和治疗药品。就现阶段而言，由于谈判花费的时间较长，世界范围内对疫苗的需求量和需求紧迫度较提议作出之时已有所下降，而对病毒检测方法和治疗药物的需求在后期则有可能呈现持续上升。进一步开放新冠疫苗、检测试剂以及治疗物品的出口以及原材料供应，才能促进相关资源分配平衡的早日实现。同时，知识产权豁免系以削弱对知识产权权利人的保护，降低知识产权保护水平为相应对价。包括疫苗在内的知识产权豁免，本质是通过调整知识产权保护水平为全球抗疫做贡献。因此，本次豁免对疫苗可及性问题的解决有部分帮助作用，但没有全面解决问题；而制药企业在研发创新上受到限制，以及知识产权保护水平受影响而相对下降的事实已然存在，其亦将成为疫情常态化下需要思考和解决的又一新问题。

---

① WTO announces COVID vaccine waiver deal that virtually no one wants [EB/OL]. (2022 - 06 - 17) [2022 - 06 - 20]. https://www.ipwatchdog.com/2022/06/17/wto-announces-covid-vaccine-waiver-deal-virtually-no-one-wants/id=149670/.

（四）后疫情时代全球产业链发生重大调整，知识产权保护水平变动

1. 后疫情时代全球产业链调整对逆全球化程度的加剧

近三十年来，国际生产从20世纪90年代初进入快速增长期，并在国际金融危机之后开始进入停滞期。联合国《世界投资报告》显示，2010—2019年，FDI复合年增长率已由上一个十年的8%降至0.8%。[①] 可见，在疫情暴发之前，世界贸易就在技术发展与革命，一些西方国家推行贸易保护主义、鼓励产业回流，以及跨国公司投资策略改变等复杂因素的影响之下，呈现脚步明显放缓之势以及格局逐渐重塑之象。而随着新冠疫情在世界范围内的严重暴发和扩散蔓延，许多国家出于疫情防控目的纷纷采取封锁边境、限制进出口贸易、限制商务旅游、禁航禁运等政策措施，原有产业链纷纷断裂。为了减少对外界的依赖，后疫情时代各国加强本地化生产、引导企业回归，企业转变产业链布局策略的步伐加快。这些措施导致国际贸易形势雪上加霜，也进一步深化了逆全球化的发展。

一方面，限制进出口贸易使天性脆弱的全球产业链受阻断裂。疫情暴发状态下各国对防疫物资的需求激增，但国内生产能力在短期内提升有限，因此限制关键防疫物资的出口以优先满足国内需求成为许多国家所采取的措施。原本通过进口获得高科技医疗器械和药效与治疗新冠有关的药物的国家产业一度陷入供应链断裂的困局。除了防疫物资产业以外，其他依靠进出口的产业也因产业链短期难以复制、替换以及国外市场隔绝而国内市场不足等原因遭受了严重损失。另一方面，禁航禁运、物流限制的措施使全球物流运输系统混乱，各国物资供应遭遇危机。如2020

---

① 詹晓宁，贾辉辉，齐凡. 后疫情时代国际生产体系大转型：新趋势和未来方向[J]. 国际贸易，2021（9）：4-14.

年年末，英国公布新冠病毒变异株，随后超 40 个国家对英国实施有关禁航禁运措施。其中，法国关闭了包括多佛尔海峡在内的重要货运贸易路线，欧盟内部的货物运输和物资供应都受到重大影响。

在此背景下，各国及其企业在后疫情时代的国际贸易策略安排和走向发生了新的变化，这种变化最大的特征为对全球化的态度转变和行动后撤，意味着国际贸易格局将走向重塑。部分国家强烈呼吁企业回归，以减少国内经济对经济全球化的依赖，实现后疫情时代自我恢复与区域性发展。具体而言，以在疫情期间受供应链延误影响严重的半导体制造业为例，主要国家逐渐采取措施吸引芯片产业转移至国内。如美国公布《2022 年美国创造制造业机会和技术卓越与经济实力法》（又称《2022 年美国竞争法案》），为半导体芯片产业提供 520 亿美元的支持，刺激芯片产业回流本土；欧盟公布《芯片法案》，试图增加欧盟芯片产能在世界范围内的比重；韩国发布《K—半导体战略》，旨在提高半导体出口额和增加就业岗位供给。虽然科尔尼发布的《2021 年美国制造业回流指数》报告显示美国制造业在 2021 年对低成本国家或地区的依赖程度高于 2020 年，回流指数呈负值，但是其也表明了美国制造业开始考虑“扩大版的回流”，即将生产基地迁到离美国更近的国家（如墨西哥、加拿大等）的趋势。① 政策引导下本地化生产的回流和发展，有可能进一步削弱世界市场之间的衔接与联系，使得依靠区域性协定的国际生产和贸易合作成为主流。除此以外，跨国企业、进出口贸易商开始反思扩散型和风险型产业链布局的脆弱性，进而追求产业链的稳健性和韧性。经

---

① BOSSCHE P V D, EHRIG B, TRONCOSO O, et al. 2021 Reshoring Index [EB/OL]. [2022-6-24]. https://www.kearney.com/operations-performance-transformation/us-reshoring-index?utm_medium=pr&utm_source=prnewswire&utm_campaign=ReshoringIndex.

受疫情重创后，企业构建一个能够灵活应对突发情况的产业链的策略倾向性，将比构建效益高但风险大的传统发散型产业链的倾向性更强。而增强产业链韧性，主要通过短链化、多元化、复制化、区域化来实现，这无疑也将导致区域化趋势的增强和逆全球化程度的加深。

2. 区域化安排日益深化对知识产权保护水平的局部与总体影响

随着全球产业链的调整，国际贸易区域化安排将日益深化。而与原有的区域化存在不同的是，随着各国自动化技术发展对国内生产劳动力短缺、成本高和效率低问题的弥补，丰富而廉价的劳动力对跨国企业的吸引力将大不如前，后疫情时代的区域化将伴随更高水平的创新和科技导向。而这本身也是疫情期间各国大力发展机器人、自动化等技术，推动数字经济发展的结果。区域必须存在尊重和保护知识产权的良好环境、推行激励和保护企业创新的政策措施、拥有技术密集型产业所需要的数字化水平，才能够吸引创新型跨国企业进行产业布局；同时，高科技产业在区域内部的聚集，也将使得区域内产业价值链具备更高的附加值，从而吸引更多高质量投资者进入，促进区域内部知识产权保护环境不断完善以及保护水平不断提高。

与知识产权相关的区域协定的增多，以及协定成员的增加体现了后疫情时代区域化的深化对知识产权水平的影响。在现有的与知识产权有关的区域协定中，CPTPP 体现了全球知识产权的发展趋势。其在商标与地理标志保护、农业化学产品和药品保护、著作权保护、知识产权执法程序和法律责任方面对缔约国提出高标准要求。2021 年 9 月，我国正式申请加入 CPTPP；2022 年 4 月，韩国政府决议申请加入 CPTPP；2021 年 12 月，厄瓜多尔正式申请加入 CPTPP，成为最新一批申请加入的国家中首个拉美国家。未来，随着缔约国的增加，也便意味着各国国内知识产权法律制度将会随之修改，体现了区域经贸合作加强对促进全球知识产权保护水平提高的重要作用。《数字经济伙伴关系协定》（Digital Economy Partnership Agreement，DEPA）较 CPTPP 而言则更为年轻，也更具有前瞻性。其由新加坡、智利和新西兰于 2020 年 6 月签署，旨在推动区域内部数字经济与贸易合作的深化。该协定主要对电子商务便利化、数据转移自由化、个人信息保护、网络安全、人工智能、在线消费者保护等进行约定，体现了大数据和人工智能时代对知识产权保护工作加强和保护水平提升的要求。2021 年 11 月，我国正式提出加入 DEPA，系我国加强区域经济合作与参与全球知识产权治理的积极行动。除此以外，RCEP 推动亚太区域经济一体化，USMCA 促进北美地区贸易合作深化，相同或相似类型与知识产权有关的区域协定也有利于区域内知识产权保护向更高水平进发。

但是，后疫情时代区域化的深化也存在发展中国家明显缺位的现象。究其原因，在于经济能力和技术条件不足的发展中国家在全球产业链重构的背景之下，缺乏跨国企业及其所在国所青睐的利于智能化、数字化发展的技术要素和人才要素，其所配备的创新激励政策和知识产权保护制度往往也不及企业对强保护水平的追求。因此，发展中国家在发达国家主导和参与的区域化合作中的存在感与参与度将面临降低，从而导致其在知识产权制度建设方面的国际交流和外来压力减小。加上本地化生产的完善，以及创新型跨国企业向高附加值产业聚集的区域转移，发达国家敦促发展中国家完善知识产权保护制度、提升知识产权保护水平的动力将会减少。由此可见，后疫情时代区域化合作的深化将带来局部地区知识产权保护水平的提升，但相当一部分发展中国家因竞争优势有限被排除在区域化之外，不能受到充分关注，因此从总体上看，后疫情时代区域化的深化对全球知识产权保护水平的提升作用有限，而且还有可能导致整体水平下降。

二、俄乌冲突对知识产权保护水平的影响

2022 年 2 月 24 日，在北约持续东扩与美国的拱火之下，俄罗斯对乌克兰发起特别军事行动。时至今日，俄乌冲突仍未迎来终结，反而日渐胶着。以美国为首的西方国家对俄罗斯采取多轮制裁措施并不断加码。俄罗斯在西方的封锁之下，制定了一系列反击措施：退出欧洲委员会、波罗的海国家理事会，甚至计划退出 WTO 和 WHO 两大国际平台。俄乌冲突发展至今，已非俄罗斯和乌克兰两国之间的局部冲突，背后还涉及国际体系的重大分歧与矛盾。在俄乌美欧明暗博弈之下，全球经贸体系、全球治理体系和国际关系体系发生着剧烈变化。受此影响，知识产权全球治理多边体系也进一步受损，并且知识产权将越来越容易成为一种“政治工具”，阻碍全球合作。凡此种种，阻碍了全球知识产权保护水平的正常发展。

（一）俄乌冲突下的知识产权制裁措施影响

在俄罗斯向乌克兰发起特别军事行动后，美国宣布对俄罗斯实施一系列制裁，随后以美国为首的西方国家对俄采取多轮制裁措施，其中便包括知识产权制裁措施。在欧美国家利用知识产权制裁俄罗斯的同时，俄罗斯也以知识产权作为反制裁手段予以回击。知识产权领域因此成为俄乌冲突的战场之一。

在知识产权领域，以美国为首的西方国家及组织对俄方的直接制裁措施主要包括以下四个方面：一是取消俄方的最惠国待遇；二是终止与俄方知识产权机构的往来与合作；三是对高新技术、半导体元件等实施严格出口管制；四是停止在俄学术合作及

交流。[①] 而针对这些制裁，俄罗斯在专利、版权、商标、知识产权资产等领域制定了一系列反击措施，如取消对“不友好国家和地区”的专利赔偿、开放盗版网站 RuTracker、裁定拒绝对制裁国商标侵权赔偿，等等。这些知识产权制裁与反制裁措施已波及除俄乌外的多个国家，直接或间接地导致知识产权保护水平下降，影响着全球知识产权保护水平。

1. 以美国为首的西方国家知识产权制裁措施的影响

以美国为首的西方国家对俄罗斯实施的知识产权制裁措施，损害了知识产权国际合作与贸易，进而导致知识产权保护水平下降。地域性是知识产权的基本特征之一，知识产权的效力及法律保护限于本国境内，因此知识产权的保护水平与本国的立法、执法、司法直接挂钩。然而随着科学技术的发展与国际贸易的扩大，知识产权的国际需求与知识产权的地域性限制之间出现了极大的矛盾，在世界范围或者区域范围内建立起一套知识产权的保护规则，便成为各国的现实选择。[②] 在此背景下，虽然知识产权的保护标准仍由缔约国按照其国内法决定，但为了增加国际贸易往来、促进经济发展，各国对知识产权的国际交流合作愈发重视，将本国知识产权保护工作与国际知识产权保护接轨，以促进国内形成完善的知识产权保护体系，保护技术创新成果与推动科技创新，等等。可以说，在知识产权成为经济全球化时代国际竞争力的核心要素与重要的贸易资源的背景之下，知识产权国际合作能够提升全球知识产权保护标准，促进互利共赢。

然而，在俄乌冲突中，以美国为首的西方国家取消俄罗斯最惠国待遇，这必然导致俄罗斯的知识产权贸易成本增加，对

① 澎湃新闻. 美欲取消俄最惠国待遇、将俄驱逐出 WTO，象征意义大于实质［EB/OL］.（2022-03-18）［2023-12-01］. https://www.thepaper.cn/newsDetail_forward_17180980.

② 吴汉东. 知识产权法［M］. 北京：法律出版社，2021：23-24.

相关知识产权的国际贸易造成不利影响。并且，西方各国在技术出口方面对俄罗斯采取严格的管控措施，使得俄罗斯无法获得高新技术专利许可及转让，这极大地影响到了俄罗斯的技术研发。此外，停止知识产权学术合作交流，以及切断与俄罗斯知识产权机构联系的制裁方式，使得俄罗斯与西方国家的知识产权保护人才交流通道中断，知识产权保护高端人才培养工作滞后。更重要的是，终止机构合作的做法，妨碍了各国知识产权机构间的信息传递与服务合作，不利于各国间知识产权立法、执法与司法间的沟通协调，总体上弱化了知识产权保护水平。

支撑着创新创造的知识产权，需要依靠开放协作的环境才能蓬勃发展。以美国为首的西方国家将知识产权作为一种制裁手段，严重破坏了知识产权发展所需的开放协作环境，干扰了俄罗斯继续参与知识产权国际合作，影响着相关知识产权合作机制的推进和完善，最终导致长期处于上升趋势的知识产权保护水平停滞甚至下降。

2. 俄罗斯知识产权反制裁措施的影响

在以美国为首的西方国家的知识产权制裁下，俄罗斯同样在知识产权领域内制定了一系列反击措施，这些知识产权反制裁措施，损害了知识产权权利人的合法利益，破坏了知识产权国际保护规则，进而降低了全球知识产权保护水平。TRIPS 协定第 31 条对强制许可作出了规定，即在全国处于紧急状态或者在其他极端紧急的情况下，可以进行强制许可，但是须履行告知权利人义务，并且应向权利人支付适当报酬。遵循 TRIPS 协定，俄罗斯《联邦民法典》、中国《关于审理侵犯专利权纠纷案件应用法律若干问题的解释（二）》、英国《专利法》、德国《专利法》等各国法律及司法解释，都规定了为国家利益或处于紧急情况之时，可给予强制许可，但同时需要支付相应的合理费用。

虽然俄乌冲突可视为战时紧急情况，冲突双方可对知识产权行使作出例外规定，但是俄罗斯直接取消对“不友好国家和地区”的专利赔偿费的做法，无异于鼓励境内自然人或法人免费使用不友好国家和地区的专利，这破坏了国际确立的强制许可合理付费规则。尽管应当承认俄罗斯的这一反击措施，是在西方国家逼迫之下的被动反击，但从其现实影响观之，取消支付专利赔偿费的行为，不仅损害了在俄享有专利权的西方企业利益，还颠覆了专利权法律保护，破坏了知识产权国际保护规则，降低了知识产权保护水平。同样，俄罗斯开放盗版网站，裁定拒绝对制裁国商标侵权案件赔偿、“国有化”撤离俄罗斯的西方企业的知识产权资产等做法，都是对知识产权立法、执法、司法保护水平的冲击。知识产权保护水平和保护力度不断提升的趋势，受到了俄罗斯知识产权反制裁措施的消极影响。

俄乌冲突中的知识产权制裁与反制裁措施，反映出各国已意识到在科学技术高速发展的当代，在知识产权全球治理与合作紧密的现实下，知识产权制裁能起到“牵一发而动全身”的作用。但是，当“知识产权”作为一种制裁工具被频繁使用或变相使用时，知识产权多边治理体系必将进一步受到损害，一些关键领域的知识产权合作也将变得异常困难。这些由知识产权制裁所带来的现实问题，直接或间接地对知识产权国际保护秩序带来负面影响，影响全球知识产权保护水平的正常发展。

（二）俄乌冲突下的世界新变局之深层影响

俄乌冲突对知识产权保护水平的影响，不仅局限于已有的知识产权制裁与反制裁措施带来的消极影响，还涉及世界格局新变化对知识产权保护水平可能的巨大冲击。俄乌冲突对国际局势产生的重大影响，远超“9·11”事件和西方反恐战争，其是冷战结束以来对世界变局影响最大的国际事件。[①] 这一国际事件严重阻碍经济全球化的发展，加速世界变局的演进过程，甚至可能造成全球化的终结，引发“新冷战”。

俄乌冲突的当事方——俄罗斯是世界瞩目的大国之一，也是世界第十一大经济体以及大宗商品供应国。对于是否需要对俄罗斯进行制裁，世界划分成两大阵营，美欧日韩等发达国家阵营支持乌克兰，认为俄罗斯的军事行为属于“侵略行为”，应当对俄罗斯采取制裁，而大多数发展中国家则认为，俄乌冲突的爆发是北约东扩的结果，进而拒绝西方提议的对俄制裁。[②] 然而以美国为首的西方国家利用国际话语权，忽视发展中国家的意见，对俄罗斯进行全方位、无差别的制裁，将俄罗斯排除在贸易体系外，逼迫俄罗斯走向“孤立时代”。在俄乌冲突发生后，俄罗斯或被动或主动地退出多个国际组织，甚至正计划退出 WTO 和 WHO。

种种现象引起了人们对世界变局的忧虑，若俄乌冲突持续发展，若以美国为首的西方国家制裁措施进一步加码，若俄罗斯确定退出 WTO 和 WHO，世界各国将可能发生新的分化组合，分化为对抗的两大阵营和一个不选边的中间阵营，陷入“新冷战”。俄乌冲突引发全球治理体系弱化并走向分裂的另一层含义为，全球化处于长时间的停滞阶段或者发生严重倒退，而在此背景下，知识产权国际规则及保护水平不可能按照原有预期顺利发展。具体而言，有四个导致知识产权保护水平下降的可能因素，即战时状态下的财产征收、国际合作交流阻断、国外知识产权申请量减少，以及全球供应链的重新塑造。

---

① 张宏志．俄乌冲突与世界变局［EB/OL］．（2022－04－09）［2023－11－30］．https：//baijiahao. baidu. com/s? id＝1729585748896736223&wfr＝spider&for＝pc.

② 宋杰．俄乌冲突引发“世界冲击波”，全球出现五大变化，美国衰落不可逆［EB/OL］．（2022－05－17）［2023－11－01］．https：//www. 163. com/dy/article/H7J360UT0551NDLG. html.

1. 战时状态下的财产征收

国家安全是国家的基本利益。随着国际贸易与知识产权的联系日益紧密，知识产权成为国家安全的一个重要指标。因此，国际规则允许为维护国家安全，对知识产权的行使给予一定限制，如TRIPS协定第73条设定了知识产权保护的安全例外，情形之一为“在战时或国际关系中的其他紧急情况下采取的行动”。

TRIPS协定第73条给予了WTO成员履行国际知识产权保护义务的豁免权，但该条中的“基本安全”“必要”“战时”等关键术语存在解释空间，成员可对条款进行解释，从而限制外国自然人或法人在本国的知识产权，侵夺经济利益。[①] 尤其是，当俄乌冲突恶化，世界格局发生新的分化组合，原有的国际知识产权规则体系和制度框架的约束力和适用性将无限趋近于零，一些国家基于战时维护国家安全目的，对处于不同阵营国家的知识产权进行限制或没收，是大概率事件。这在以往的世界大战中能够找到实例。

美国在1917年颁布了《与敌国贸易法》（Trading with the Enemy Act，TWEA），该法对敌人作出了广泛的定义，即任何与美国处于交战状态的国家，或者不论国籍居住在交战国领土上的个人，以及由敌人控制的法人与非法人组织。[②] 依据该法，美国能够在为战争作出贡献的情况下使用别国的专利。随着战争的持续发展，美国赋予了TWEA更多的惩罚性，修订法案以没收敌对国国民的专利，甚至将这些专利转让给本国工业生产者。[③] 在“一战”和“二战”时，德国的专利技术被没收或低价转让给美

---

① 何华. 知识产权保护的安全例外研究由《TRIPS协定》第73条展开［J］. 中外法学，2019，31（3）：817－839.

② Trading with the Enemy Act［EB/OL］.［2022－06－12］. https：//www. legislation. gov. uk/ukpga/Geo6/2－3/89.

③ MOSER P，VOENA A . Compulsory licensing：evidence from the Trading with the Enemy Act［J］. Discussion Papers，2010，102（1）.

国的公司或组织，为美国某些产业的发展提供了极大助力。① 即使俄乌冲突未发展到世界大战的程度，如今制裁措施也已显现出没收知识产权的端倪，俄罗斯取消专利赔偿费、拟为计算机程序和数据库引入强制许可措施、考虑取消制裁国软件版权、“国有化”西方企业的资产等措施，都向全球民众展现出一幅现实图景，即知识产权本质为财产权，在战争状态下这一财产权难以获得有效保护。

可以预见的是，当俄乌冲突继续恶化使得世界分化，知识产权总体保护水平势必会下降。某些国家会以战时状态下的国家安全为由，罔顾知识产权人的合法利益，对知识产权这一无形财产进行征收。长久运行良好的知识产权立法、司法与执法国际规则在面对所谓的“敌人”时，将失去应有的效能。

2. 国际合作交流阻断

知识产权制度与技术创新是相互促进的良性互动关系。知识产权制度是技术创新的动力与保障，而技术创新是知识产权制度形成并发展的基础，推动着知识产权保护水平深刻变化——日益严格、不断上升。作为最活跃的生产要素，技术创新需要依靠创新开放的环境。在全球化背景下，科技、人才、资本等要素能够跨境流动，技术创新更易实现。然而由于逆全球化思潮暗流涌动，西方国家在技术输出与技术合作方面趋于保守。目前俄乌冲突已经导致俄罗斯与西方国家交流中断，若冲突进一步恶化，世界可能重新出现对立阵营，开启“新冷战”，从而导致国际合作交流阻断。

对于科技发展而言，国际合作交流阻断弊远大于利。虽然美国、欧盟等西方阵营属于技术强国，在科技领域属于先锋阵营，但是科学技术革命和产业发展强调交流协作，人类生产生活方式

---

① COATES B A. The secret life of statutes: a century of the trading with the Enemy Act [J]. Modern American History, 2018 (1).

也要求国家开放创新。科学进步是信息积累的过程，国际合作交流阻断意味着人才、智力、技术资源无法在国际流动，优势互补难以实现，各国只能依靠自己或者依靠所在的阵营。长此以往，科技研发延缓，各国技术创新能力或减弱或增长缓慢。而由于技术创新与知识产权制度间的密切关系，在国际合作交流阻断的背景下，知识产权制度会因技术创新的变化而变化。申言之，在世界格局向分裂演进的情况下，各国技术创新能力减弱，知识产权保护水平整体将呈现下降态势。

国际合作交流阻断，除了通过技术发展间接影响到知识产权保护水平，还会直接导致知识产权保护水平整体下降。在全球化背景下，各国能够通过合作交流，推动知识产权国际规则向普惠包容、平衡有效的方向发展，但在世界新变局之下，国际合作交流阻断，知识产权国际规则再难发挥应有约束力，各国的知识产权合作也难以正常推进。不同利益集团之间会形成不同的知识产权保护体系，原本在全球化背景下协调的知识产权实践和程序遇到阻碍，必要的知识产权检索与审查结果信息无法进行传递，国际知识产权保护环境无法按预期朝着更高效、更便于用户、更低成本的方向发展，全球知识产权保护水平不断提升的步伐将被打乱。

3. 国外知识产权申请量减少

国外知识产权申请，包括专利申请、商标申请、工业品外观设计申请、地理标志保护申请等，能够在一定程度上推动一国知识产权保护水平的提升。有学者指出，发展中国家的专利保护政策与国外专利申请量息息相关。来自技术主导国的专利申请，有助于促进本国技术创新，并且促使本国随着技术发展不断改善知识产权制度，提升知识产权保护标准。在经济全球化时代，采取较高知识产权保护水平的发展中国家，会吸引发达国家在该国申请并实施专利，同时激发该国境内企业对专利的引用与二次创新，以促进技术发展进程，最终使得知识产权保护水平随技术发展而不断提升。①

同样，国外商标、外观设计等知识产权申请量也能产生类似的效果。虽然这些知识产权不一定与技术发展密切关联，但与企业经营和经济发展相挂钩。世界各国都有发展经济的客观需求，对于大多数发展中国家而言，吸引外资是发展经济的重要手段之一，因此发展中国家需要将本国知识产权法律制度向国际标准，甚至是发达国家标准靠拢。与此同时，由于知识产权的地域性，外资企业会将自身拥有的知识产权在发展中国家申请，以此保护财产、保障竞争优势。在外资企业推动发展中国家经济迅速发展的过程中，发展中国家具有完善知识产权立法与执法的动力，为外资企业提供值得信任的投资环境，解决外资企业在知识产权新领域所遇到的知识产权保护问题，加大对外资企业侵权行为的打击力度，等等。因此，国外知识产权申请量是一国知识产权保护水平的影响因素之一。

然而，在全球化陷入停滞或者发生倒退的情况下，各国之间贸易往来会遭受阻碍，以至于西方企业的全球专利商标布局会排除发展中国家，西方企业在发展中国家的产业链亦会撤离。这些现象将导致发展中国家的国外知识产权量减少，原先的国外知识产权申请量之良性传导反应不再，发展中国家提升本国知识产权保护水平的动力减弱。对大多数发展中国家而言，为了适应本国的自身研发水平与经济发展水平，可能会放弃原先追随发达国家而使用的知识产权保护高标准，弱化国内知识产权保护的相关政策，降低知识产权保护水平。可见，国外知识产权申请量减少作为世界新变局的影响之一，也会导致知识产权保护水平变化——全球知识产权保护水平整体下降。

---

① 孙旭玉．中国知识产权保护水平与影响因素的实证分析［J］．理论学刊，2010（7）：54－59．

4. 全球供应链的重新塑造

全球供应链的本质是社会生产力发展、分工普遍化和精细化的必然产物，企业在利益驱动之下，在条件许可范围内，必然会按照规模经济和比较优势原则，在全球范围内整合与配置资源，进而组织生产。① 然而，经济全球化将世界各国经济紧密联系在一起，一旦遇上人类社会的不可抗力，如自然灾害、社会动荡、新冠疫情等天灾人祸，原本不同地域按照各自优势协同生产的安排，将转化为刺入供应链各“链主”企业与国家的利刃。近年来的中美贸易冲突与新冠疫情，已经将供应链的脆弱性完全暴露，以美国为首的国家逐渐采取措施转移芯片等产业，或回流本国，或向更低成本地区分流，又或向终端市场分流。② 而始料未及的是，2022 年又一重大国际事件——俄乌冲突发生，全球运输问题愈发严重、依赖跨境供应链的汽车制造等行业境况愈加困难。随着俄乌冲突的持续，本就在疫情之下不堪重负的全球供应链更加摇摇欲坠。若俄乌冲突继续发展，全球供应链有可能彻底断裂，迎来短链化的“新生”。

中国社科院钟飞腾表示：俄乌冲突的影响超越“9·11”事件，涉及曾经塑造了冷战格局以及冷战后安全态势的欧洲安全架构。在欧洲动荡的政治局势下，产业链、供应链会断裂，使得欧洲的经济力量发生改变。③ 如果说，目前的俄乌冲突造成欧洲产业链、供应链断裂，那么当俄乌冲突恶化，引发世界新变局，产业链、供应链断裂的影响将波及全球。在俄乌冲突引发的世界新

---

① 林善浪．中国应对全球产业链重构的破局之策［J］．人民论坛·学术前沿，2022（7）：41－53.

② 陶涛．全球产业链重塑的新动向［J］．人民论坛·学术前沿，2022（7）：64－70.

③ 澎湃新闻．社科院专家：俄乌冲突或致产业链供应链断裂，制裁是把双刃剑［N/OL］．（2022－02－27）［2023－11－08］．https：//finance. sina. com. cn/jjxw/2022－02－27/doc－imcwiwss3235686. shtml.

变局中，国家安全会成为经济发展的第一指标。企业为了规避风险，会将原来分散到世界各地的产业转移至本国或者与本国利益一致的国家。由此，供应链全球化转变为本土化和区域化。而全球供应链重新塑造后，全球知识产权保护水平上升幅度或将放缓，甚至下降。

西方国家之所以要在国际建立起符合自身价值的知识产权保护规则，通过区域性协定推行知识产权强保护规则，原因之一便是保护本国产业利益。在全球供应链中获利最大的当数西方企业，无论是劳动密集型产业、资本密集型产业，还是技术密集型产业，西方企业都能依靠品牌、技术与资本，获取国际分工带来的最大利益。然而由于产业链分散于世界各国，西方企业的利益无法仅依靠本国法律所保护，还需要依赖产业链上各个国家的法律制度。为维护西方企业的利益成果，美欧等发达国家和地区积极推行知识产权高保护标准，而为取得与西方企业合作带来的巨大经济利益，许多发展中国家也愿意接受自由贸易协定中的知识产权安排，提升本国知识产权保护水平。若俄乌冲突重新塑造了全球供应链，使其成为本土或区域供应链，那么发达国家推行知识产权强保护的动力将减弱，发展中国家也将不再接受知识产权高标准，而是构建符合本国产业发展水平的知识产权保护规则。在全球供应链重新塑造后，各国仍会重视知识产权保护，但由于缺乏发达国家对知识产权国际规则的积极参与，以及发展中国家更愿意削弱知识产权保护以维护本国利益，原处于不断上升趋势的全球知识产权保护水平增速将放缓，甚至可能走下坡路。

经济全球化的标志性特征为贸易、投资自由化，在此之下，全球经济被结构化地整合成一个整体，世界各国联系紧密，成为一荣俱荣、一损俱损之整体。[①] 在经济全球化背景下，各国生产

---

① 曹远征. 跨越俄乌冲突陷阱：重新思考以规则为核心的国际秩序［J］. 文化纵横，2022（3）：18－29.

要素能够获得优化配置与合理利用，从而积极参与国际市场竞争，提升自身的国际竞争力。更重要的是，科学技术能够在全球范围内进行研究和开发，并且在全球范围内迅速传播，这对于人类进步而言具有重要意义。虽然新冠疫情与俄乌冲突使得逆全球化浪潮愈加汹涌澎湃，但不可否认的是，经济全球化仍是人类发展进步的最佳方案，即使受到冲击，也无法实现根本性的长期逆转。逆全球化的本质与全球化形成的当前国际秩序相悖，而随着原有国际秩序的解构，新的国际经济贸易秩序会逐渐形成。[①] 故而，知识产权保护水平的受挫只是暂时性的，即使目前不容乐观，也应将目光放长远，认识到知识产权保护水平不断上升的长期趋势不会改变。

① 易继明．后疫情时代“再全球化”进程中的知识产权博弈［J］．环球法律评论，2020，42（5）：163－177．

第四章　我国的应对策略

当今世界正经历百年未有之大变局，新一轮科技革命和产业变革深入发展，国际力量对比深刻调整，和平与发展仍然是时代主题，人类命运共同体理念深入人心，同时国际环境日趋复杂，不稳定性不确定性明显增加，新冠肺炎疫情影响广泛深远，经济全球化遭遇逆流，世界进入动荡变革期，单边主义、保护主义、霸权主义对世界和平与发展构成威胁。[①] 如前所述，本次逆全球化思潮的兴起，源自政治、经济和社会文化等多方面的原因，短期内不会消退，在某些领域甚至还可能会继续蔓延。面对波谲云诡、变幻莫测的国际形势，如何保持战略定力，积极参与知识产权全球治理，推动建立普惠包容、平衡有效的国际知识产权规则，是我们必须回答的问题。针对逆全球化在知识产权领域的种种表现，本书拟分别有针对性地提出应对之策。

---

① 中共中央关于制定国民经济和社会发展第十四个五年规划和二〇三五年远景目标的建议［N］. 人民日报，2020－11－04.

第一节　我国应对单边主义和保护主义的知识产权策略

一、积极应对美国“301 调查”，为中美贸易战做好长期准备

2018 年引发中美贸易战的“301 调查”不同于从前，它是逆全球化风潮兴起以来美国重拾“301 大棒”的首秀，也是特朗普上台后发起的第一次“301 调查”，因而美国政府对于此次调查的处理手法和内容与此前 5 次对华“301 调查”相比也有所不同。如前文所述，此次调查是在逆全球化兴起、美国走向单边主义和保守主义这一特殊背景之下发生的，而此次调查背后的操盘者又都是对华强硬的“非传统”政客。其中，最关键的人物——特朗普的影响不可忽视，尤其是对其竞选中所许下的承诺我们需要认真对待。特朗普自 2017 年 1 月正式就任美国总统以来，一反前几任总统对竞选承诺只是说说而已的惯例，而是非常卖力地兑现竞选时的承诺，包括一些几乎是“不可能完成的任务”。他在不到一年的时间里，基本成功地兑现了他的几大承诺，包括一上台就立即宣布退出 TPP、减税、“摧毁伊斯兰国”、推翻奥巴马医改法案，坚持不懈地强推“禁穆令”、冒天下之大不韪地正式承认耶路撒冷是以色列首都，以及启动建造美墨边境隔离墙。这位曾经被不少人嘲笑的“政治素人”在一年内交上的“政绩”清单令世人刮目相看，显示出他的确如他所说是一位“说到做到”的总统。对于“不走寻常路”的特朗普政府，以及其继任者拜登政府，中国也应当跳出传统思维定式，对此次“301 调查”可能出现的各种不利结果进行充分预估，并做好长期应战的准备。① 我们绝不能以为，特朗普下台后，其继任者会

---

① 詹映. 逆全球化背景下美国对华“301 调查”的不同寻常之处［J］. 陕西师范大学学报（哲学社会科学版），2019，48（1）：77 – 83.

回归“理性”，很快放弃导致两败俱伤的贸易战。事实上，当更加“稳重”的民主党老派政客拜登上台后，即便美国正面临近40年来最高通胀率的巨大压力，拜登政府仍然维持特朗普对华加征关税的政策。除了加征关税，美国此前对华采取的打压中国高科技企业、限制投资和科技交流等制裁措施也仍旧保留，甚至有的还有进一步扩大之势。具而言之，我国可从以下方面对美国发起的“301调查”和对华贸易战进行反制。

（一）国际层面

1. 合理运用WTO争端解决机制反对美国加征关税行为

根据WTO规则，美国既无权就中美之间的有关经贸分歧作出单边认定，更无权采取加征关税等单边措施对中国进行制裁。我方站在道德和国际法的制高点上，应当利用WTO争端解决机制就美国的单边行为发起磋商或直接申请成立专家组展开调查。总之，我们应高举全球化大旗，坚持贸易自由主义，充分利用WTO争端解决机制等多边机制，对美国进行反击。

2. 与其他国家合作共同反击美国的单边主义做法

特朗普宣布从2018年3月23日起对进口钢铁和铝产品分别征收关税，这激起了欧盟、日本、巴西等国家和地区的强烈反对。美国奉行“美国优先”的做法实际上是在帮助中国扩大国际影响力，中国在气候变化、多边贸易等议题上的积极作为令国际社会所称道，“一带一路”建设也为中国带来更多的投资和贸易机会。此时正是中国联合欧盟、亚洲、非洲等其他国家和地区，持续扩大中国影响力和争取支持的好时机。在与美国的贸易战中，我国应当继续推动“一带一路”建设，寻求替代性的贸易伙伴，加大与欧盟、亚洲、非洲等其他国家和地区的经贸合作，共同反对美国的单边主义行径。

3. 在相关领域对美国进行反制裁

（1）中国减少对美国农产品的进口。美国农产品缺乏比较优势，但是可以出口获利来源于政府补贴，若中国对其农产品进行反倾销反补贴调查，会有很大的制裁效果。（2）减少稀土等资源的出口。新材料、军工、新能源产业对稀土的依赖尤甚，而中国供应全球85%的稀土原料，若减少对美国的出口，美国制造业将会受到较大影响。（3）减持美国国债。中国作为美国国债的最大买家，可减少购买或停止购买美国债券，甚至卖出部分持有的美国国债，所腾出的资金可以用来增持黄金、储备石油等矿产资源。

（二）国内层面

不可否认，美国政府虽有借所谓知识产权问题，达到政治、经济上遏制中国的目的，但是我们也不应当忽视本国在知识产权和创新领域立法、司法、执法、行政层面上的困境与不足。塞翁失马，焉知非福。我们可以将此次的危机化为一种推动我国知识产权乃至市场经济发展的外力。

1. 进一步加强知识产权保护，完善我国知识产权立法和司法、执法、行政改革

在美国发布的“301调查”结果中，美国对我国假货、网络与电台盗版、著作权管理机构与使用费、商标、域名、商业秘密保护等问题强烈谴责。虽在一些问题上其指责缺乏数据支撑，却并非都空穴来风，我国更应当在立法、司法、执法、行政层面对知识产权管理体制有所完善。（1）在立法层面，可加快研究完善商业秘密法、专利法、著作权法、商标法等知识产权相关法律，加强对商业秘密、商标、互联网域名的立法保护。（2）在司法层面，司法人员应通过法律条文与实际判例相结合的模式，统一司法标准。（3）在执法层面，我国相关部门应加大打击侵犯知识产权的行为，注重打击假冒商品，对各种形式的互联网电

台盗版问题严格限制。（4）在行政层面，我国应当改进知识产权创新政策。专利申请数量的上升并不能完全代表我国实际创新能力的提高，非正常申请、专利转化率不高等问题都反映出创新能力还有待提高。为应对美国，我国应当坚持立法、司法、执法、行政四位一体，多管齐下，对“301 调查”进行全方位防御。

2. 继续推进国家知识产权战略，提升自主创新能力，同时减少政府对技术领域市场行为的直接干预

美国一度质疑中国市场经济地位，指责中国政府对技术转让问题干预过甚。尽管美国的指责并不属实，但我们应当重视政府的角色问题。正如 2018 年 3 月 25 日时任国务院副总理韩正在中国发展高层论坛上所讲，我国应当“推进政府改革，将最大限度地减少政府对资源的直接配置和对市场经济的直接干预”，“对外资企业一视同仁”。然而，针对美国的单边制裁措施，我国却绝不能屈从。我国在《中国制造 2025》提到并着力发展的产业如航空航天、机械、人工智能、医疗器械、半导体等产业已经成为美国重点打击的对象。越是如此，我国越要做好应对措施，继续推进创新型国家建设，提升自主创新能力。

3. 确定企业是否进入“301 调查”受影响领域，提升知识产权维权实力

虽然美国对华“301 调查”针对中国发起，但是利益受损之主体必定是我国相关企业。美国已经采取关税措施对我国涉外企业进行报复。此次美国对华“301 调查”主要聚焦在我国政府重点发展的战略性新兴产业，如集成电路、智能制造、新能源汽车等，如果企业处于这类中美竞争激烈的领域，便应当高度关心“301 调查”动态。具体而言，这需要我国企业具有危险意识，加强与政府、行业协会及法律专家合作，构建发起、应对美方诉讼的应急机制，运用法律机制保护自己的合法权利。

二、以平常心看待美国年度《特别 301 报告》

我们应当认清美国年度《特别 301 报告》的政治工具性质，以平常心理性辩证地看待《特别 301 报告》。我们不仅要明确《特别 301 报告》中很多关于我国的阐述是一种无端的指责，也要正视《特别 301 报告》中提到的中国在知识产权保护方面存在的问题，客观地评估自身的情况。

（一）我国正在采取的应对策略评析

《特别 301 报告》中提到的很多问题我国之前已经关注到，并且正采取有力策略积极应对。比如，2021 年度《特别 301 报告》中提到新修订的各部知识产权单行法须加强落实的问题，我国正通过完善配套制度及司法解释积极解决：2021 年，我国建立了药品专利早期纠纷解决机制，对新修订《专利法》中第 76 条做进一步实践补强；最高人民法院发布关于适用知识产权民事案件惩罚性赔偿的司法解释，细化了知识产权惩罚性赔偿的适用规则；我国江苏省高级人民法院和北京知识产权法院印发了关于审理商业秘密案件的指导意见，为当事人提供举证参考。又如，对于近六年《特别 301 报告》中都提到的我国商标恶意抢注的问题，我国国家知识产权局也在 2021 年发布了《打击商标恶意抢注行为专项行动方案》，集中开展打击商标恶意抢注行为专项行动，加大对恶意抢注商标行为的惩罚力度。

（二）我国应当采取的应对策略建议

一是应对《特别 301 报告》中涉华不实内容进行批驳，并积极开展对外宣传工作，展示我国知识产权事业发展的真实情况。《特别 301 报告》是美国推行单边政策的工具，其以极具主观性和倾向性的态度单方面评价我国的知识产权发展状况，评价结果严重缺乏客观公正性。我国要采取积极的态度正面回应美国的这种片面性评价和单边制裁手段，通过召开新闻发布会等形式回击《特别 301 报告》中的无端指控。例如，强调中国所有法律法规和政策文件都没有强制要求外国企业转让技术。同时，要积极展现我国在知识产权创新与保护方面所取得的成就，通过发布白皮书、召开发布会等形式对我国所取得的成就进行宣传。在国际知识产权保护方面发出中国声音，展现中国成就，表明中国态度。

二是应更积极地参与全球知识产权治理，统筹推进知识产权领域的国际合作和竞争。近年来，我国不断强化知识产权保护，知识产权法律制度体系逐步完善，知识产权行政和司法保护也显著加强。《知识产权强国建设纲要（2021—2035 年）》的颁布更是将保护知识产权和鼓励创新发展的重要性提升到前所未有的高度。我国应坚持开放包容、平衡普惠的原则，维护和发展知识产权多边合作体系，既要从中汲取经验，也要善于分享我国的治理之道。

三是应认识到自身的不足之处，继续积极采取行动提高知识产权保护的水平。在商标恶意抢注方面，严格审批程序，适当提高商标注册申请费以增加商标恶意抢注和囤积注册成本，引导申请人正确申请注册商标；既要关注有害于社会主义道德风尚的商标恶意抢注，又要关注复制、模仿有知名度商标的恶意注册行为。在专利审查及执法方面，继续开展提升专利申请质量的相关行动，逐步减少对专利授权的各类财政性资助；同时，还须尽快完善药品专利纠纷早期解决机制与司法程序的衔接工作。在地理标志保护方面，有序推进相关承诺的履行，提升地理标志保护的透明度和程序公正性。此外，还须加大对假冒商品和网络盗版行为的打击力度；加强对商业秘密的保护；并进一步完善对于知识产权失信惩戒机制的程序保障。

三、坚决抵制美国《恶名市场报告》

2022 年 2 月，我国外交部发言人汪文斌就美国 2022 年度

《恶名市场报告》作出回应时明确表示，“恶名市场”名单是美方将经贸问题政治化的表现。① 我国商务部也已明确表示不认可该报告结论，并对美方这种不负责任的做法表示坚决反对。② 我们要积极作出回应，在国际社会上发出中国的知识产权保护强音，用行动瓦解美国的中伤和谣言。

（一）稳扎稳打走好中国步伐

改革开放以来，我国知识产权制度经过数十年的恢复和发展，已经形成与国际接轨的较为完备的制度体系。2021 年，我国发布《知识产权强国建设纲要（2021—2035 年）》和《“十四五”国家知识产权保护和运用规划》，正在致力于建设成为中国特色、世界一流的知识产权强国。

纵观我国 2021 年的成绩，国外申请人在华发明专利授权 11 万件，同比增长 23%，商标注册 19.4 万件，同比增长 5.2%。③ 如此明显的数量增长，强有力地证明了外国企业对中国知识产权保护生态的肯定，是对美国贸易代表办公室“据称”“据报道”等无端指责最客观、真实的反驳。

面对美国的责难，我们没必要生气与担忧，我国知识产权建设是脚踏实地一步一步走过来的，有自己的底气与信心，可以充分面对一切挑战与危机。我国只须按照规划稳扎稳打地走好中国步伐，以更加坚定的决心解决国内现存问题，以更加开放的姿态

---

① 刘晓琰. 美将微信等加入“恶名市场名单”，外交部表态 [EB/OL].（2022-02-18）[2023-11-05]. https://baijiahao.baidu.com/s?id=1725086216755331539&wfr=spider&for=pc.

② 商务部新闻发言人就美方发布《2021 年度假冒和盗版恶名市场审议报告》发表谈话 [N/OL].（2022-02-18）[2023-11-05]. http://www.mofcom.gov.cn/article/syxwfb/202202/20220203281139.shtml.

③ 澎湃新闻. 中方回应美将微信加入恶名市场名单 如何回应? [N/OL].（2022-02-19）[2023-12-05]. https://international.dbw.cn/system/2022/02/19/058827865_01.shtml?spm=zm5115-001.0.0.2.O19byx&file=058827865_01.shtml.

深入参与全球知识产权治理；无须追赶、无须退让，在充分的国际交流基础之上，伴随着我国与世界各国共识的达成，曾经的歪曲与偏见，便将不攻自破。

（二）加固知识产权保护体系

近年来，我国知识产权保护制度不断完善，知识产权保护体系也逐步健全。下一阶段，我国要在已有的知识产权保护体系上进行加固，做好法律制度之间的衔接与协调，增强法律法规的适用性和统一性。特别是在新技术不断出现并挑战现有知识产权制度的背景下，我们应以新技术、新方法助力知识产权，构建大且全面的保护工作格局，缩小各制度间的缝隙与盲点，不给国外有心人士可乘之机。

面对侵权盗版制造生产商多流窜、较隐蔽的特点，行政执法机构也要持续加大执法力度，加强劳动监管部门与知识产权保护部门的合作，对知识产品从制造到销售、流通进行全方位的监督，消除部分领域的执法缺位现象。限于执法的局限性，假冒和盗版现象很难完全消除，世界上没有任何一个国家可以达到知识产权保护的完美标准，美国国内也同样存在侵权假冒现象。我国在知识产权保护方面取得的成就有目共睹，美国恶意抹黑我国的企图不会得逞。

（三）强化企业应对能力

在美国贸易保护主义和大国霸权主义的施压之下，上榜市场无疑为美国所重点“关照”，最易遭受负面影响。面对《恶名市场报告》内容，一方面企业应迅速核实，坚决否认与事实不符的指称，保护企业国内外声誉；另一方面企业应密切了解国际知识产权动向，加快巩固知识产权保护战略，防止陷入被动局面。为了掌握主动优势，企业应加快技术自主研发，积极孵化、培养自主特色创新品牌，形成特有核心竞争力，争取在国际市场上创造并掌握更大的竞争优势。

除此以外，企业还应坚持对知识产权侵权的打击。首先，搭建科学高效的权利人投诉机制，简化通知流程要求，及时采取必要措施；依靠算法模型、智能识别、大数据监测等科学技术手段，向权利人提供相关线索，加快侵权发现与处理。其次，加强与政府、品牌方的联合打假合作，形成执法机关、权利人、平台三方或多方合力的合作模式。最后，应构建强有力的处罚机制，除了注销、禁用账号等以外，还可以与政府部门联手，将知识产权保护与社会信用体系联系起来，以更高的侵权成本从动机上击溃侵权。

四、积极应对知识产权长臂管辖

2021 年 1 月 9 日，商务部公布《阻断外国法律与措施不当域外适用办法》，表明了中国政府反对外国法律与措施不当域外适用的严正立场，也标志着我国在逐步建立应对美国长臂管辖的反经济制裁体系，具有标志性意义。

但对于该办法今后如何实施，以及在具体的长臂管辖反制策略上如何适用，仍然是未来无法回避的课题。下文拟从国家层面与国际层面对我国应对长臂管辖的策略进行较为全面的分析。

（一）国家层面

对于违背国际法原则、损害国家公共利益、阻碍国内案件审理和执行，或者未考量申请人与被申请人利益平衡的长臂管辖行为，我国一贯持坚决反对的态度。2020 年 11 月 30 日，习近平总书记在中共中央政治局第二十五次集体学习讲话中明确提出，要推进我国知识产权有关法律规定域外适用，完善跨境司法协作安排，要形成高效的国际知识产权风险预警和应急机制。具体到反制长臂管辖，我国应当利用长臂管辖的适用原则和限制条件来积极应对，并在今后逐步建立和完善我国长臂管辖相关制度和反制措施。

对于合理且适度的域外管辖，我国也可以适当借鉴，在遵循“正当法律程序原则”“属地管辖原则”“礼让原则”和知识产权地域性原则的前提下，可适当参考美国的“Gallo 框架”，考量“域外判决的执行对中国诉讼的影响”“实行禁诉令的必要性”“对申请人和公共利益造成的损害”等因素，在司法实践中灵活运用“禁诉令”进行反制。

1. 积极回应国外法院的长臂管辖行为

在跨国知识产权诉讼中，欧美法院对长臂管辖的扩张适用并不单纯。知识产权跨国诉讼中的长臂管辖不单是诉讼问题，更是双方在国家战略层面上的博弈。对于外国法院不合理的长臂管辖，可以多层次、多渠道来表达我方的反对立场和关切，令相关外国法院注意并正视我方的立场；应当注重加强与其他国家的司法合作、完善司法协助条约，共同对抗外国法院任意行使不合理的长臂管辖权；还可以成立专门的协调机构来应对外国法院滥用长臂管辖的案件，统一负责收集信息、提供指引、对外协商和谈判等工作。总之，应当认识到国外法院在跨国知识产权诉讼中扩张适用长臂管辖行为的本质，积极回应国外法院不合理的长臂管辖，为我国当事人的诉讼利益和科技创新战略的实施保驾护航。

2. 利用长臂管辖的原则和限制条件应对具体案件

长臂管辖概念本身就包含了“最低联系原则”“效果原则”“自愿服从原则”等适用上的原则，同时也受到这些原则的制约；而“正当法律程序原则”“不方便法院原则”“属地管辖原则”“礼让原则”和知识产权法的地域性原则也是对长臂管辖行为本身的限制。我国法院在具体案件中完全可以援引上述一系列原则和限制条件来对抗长臂管辖行为的肆意扩张和滥用，维护我国诉讼当事人的合法权益。而最高人民法院提出的“被申请人申请执行域外法院判决对中国诉讼的影响”“是否确属必要”“不采取行为保全措施对申请人造成的损害是否超过采取行为保全措施对被申请人造成的损害”“是否损害公共利益”“是否符合国际礼让原则”等考量因素也可以作为长臂管辖的原则和限制条件进行反制，是积极应对外国滥用长臂管辖行为的一个典型案例。

3. 逐步建立和完善适度且合理的域外管辖制度

在欧美法院滥用长臂管辖，侵犯他国司法主权和企业合法利益的现实情况下，我国有必要尝试建立适度且合理的域外管辖。这也是基于对等原则的一种应对国外法院长臂管辖的反制方法，以此来更好地维护我国司法公信力和权威性，同时充分保障我国当事人的诉讼利益。在具体制度构建上，可以合理借鉴外国司法机构在学理上建立长臂管辖制度时所提出的相关适用原则和限制条件，探索建立灵活变通的管辖制度以及相应的补充机制，以此来弥补我国相关法律制度的不足，为我国法院争取更多管辖权，同时也能与国际制度达成衔接。

具体而言，短期内可以通过发布有关“禁诉令”或长臂管辖的相关指导性案例，指导我国法院对于当事人在国内法院提起的跨国知识产权诉讼（尤其是存在跨司法辖区平行诉讼的情形下）充分行使司法管辖权，并形成合理且明确的适用标准供法院判断是否应当实施“禁诉令”或长臂管辖。

事实上，最高人民法院在康文森与华为的专利权侵权和标准必要专利许可纠纷等案的裁定中已经作出了这样的尝试，以“被申请人申请执行域外法院判决对中国诉讼的影响”“是否确属必要”“不采取行为保全措施对申请人造成的损害是否超过采取行为保全措施对被申请人造成的损害”“是否损害公共利益”“是否符合国际礼让原则”等因素为标准，进行了综合判断，作出了康文森不得在最高人民法院终审判决作出之前申请执行德国法院一审判决的“禁诉令”。

中期而言，可以抓紧完善民事诉讼法相关司法解释，以指导涉外知识产权诉讼中的具体问题。将指导案例中有关“禁诉令”和长臂管辖限制条件、考量因素等相关标准落实为司法解释，可以为我国法院采取相关措施提供依据，从而避免贸然立法给涉外民事诉讼制度和知识产权制度带来的不确定性。事实上在其他领域，例如 2020 年 3 月 1 日生效的《证券法》第 2 条第 4 款已规定境外管辖权，但目前尚缺相应的司法、执法实践，启动长臂管辖的门槛以及实施中可能发生的问题还有待进一步了解和实践。当然，若有条件，也可制定知识产权特别程序法的司法解释，但从目前来看，以民事诉讼法相关司法解释来指导涉外知识产权诉讼的方式更具有可行性。

长期来说，应逐步推动我国法院在域外管辖相关制度上的构建和完善，推动我国在立法中适当增加“禁诉令”等应对外国的相关规定，使其能够作为一种反制措施供我国法院选择。通过“指导性案例—司法解释—立法”的环节，逐步建立和完善适度域外管辖的相关制度和反制措施，有利于在跨司法辖区知识产权诉讼案件中，切实保障我国当事人的诉讼利益，反制国外法院对于长臂管辖制度的滥用，进一步维护我国法院司法管辖权，增强我国司法的国际公信力。

此外，必要时可以制定阻断法，从而禁止在本国管辖范围内适用具有域外效果的外国法并消除其影响。此次商务部公布的《阻断外国法律与措施不当域外适用办法》便属于狭义阻断法的范畴。该办法吸收了《欧盟阻断法案》的一些先进立法经验，如报告制度、申请豁免制度、追回制度等；同时也回避了《欧盟阻断法案》中的严苛条款，建立了具有中国特色的“报告披露加遵守禁令”的中国阻断法律体系。但对于该适用办法今后如何遵守和实施，是否会出现合规风险，以及在具体的长臂管辖反制策略上如何适用，还需要进一步实践和研究。

（二）国际层面

我国除了可以在国家内部针对长臂管辖采取一些措施，还可以在国际层面寻求合作，与其他国家共同应对长臂管辖问题。

1. 加强知识产权国际合作，积极引领知识产权国际治理规则

长臂管辖行为使多国重点行业与企业受到重大打击与影响，中国应该加强与其他主要国家的知识产权合作，共同应对长臂管辖行为所带来的不利影响。积极推动 RCEP 和 APEC 框架下的知识产权合作，建立“一带一路”沿线国家和地区知识产权合作机制。[①] 加强 WIPO、WTO 框架下的知识产权合作，推动相关国际组织设立专门的知识产权争端解决机制，或者在国际条约中规定由相关的国际司法机关处理知识产权纠纷。中国应积极参与知识产权司法保护的国际协作，积极参与和引导知识产权国际治理规则的形成，不断扩大我国知识产权司法保护的国际影响力和公信力。[②]

2. 国际标准机构制定修改相关知识产权政策

国际或区域标准化组织可以制定修改与管辖相关的知识产权政策条款，明确具有管辖权的法院。可以确定一个统一的受理相关知识产权纠纷的国际法庭，或者确定某个受尊重的国家知识产权法院或法庭来解决纠纷，这样的法庭将消除目前困扰市场的大部分司法管辖权之间的竞争和重复诉讼。[③]

---

① 张鹏. 知识产权基本法立法思路与总体内容研究［M］//国家知识产权局条法司. 专利法研究（2017）. 北京：知识产权出版社，2019：6 – 18.

② 丁文严，韩萍. 中国企业专利涉外司法保护中的管辖困境与应对［N］. 人民法院报，2018 – 05 – 30.

③ RANTANEN J. The UK Supreme court's re – interpretation of FRAND in Unwired Planet v. Huawei［EB/OL］.（2022 – 08 – 27）［2023 – 11 – 30］. https：//patentlyo.com/patent/2020/08/supreme – interpretation – unwired. html.

第二节 我国应对区域化、双边化的知识产权策略

一、应对知识产权全球治理区域化、双边化的总体思路

面对发达国家发起的这场知识产权国际立法新运动，国内已有知识产权学者敏锐地提出："中国应当警惕其所带来的知识产权风险，避免因双边协议不合理而提升我国知识产权的保护水平。"[①] 国外不少学者也对发展中国家提出了警示，如美国著名知识产权学者苏姗·塞尔（Susan Sell）就曾针对发达国家不断推高知识产权保护水平的态势，尖锐地指出："TRIPS 协定只是一个起点，而非终点。"[②] 对此，我们需要对当前形势和我国即将面临的严峻挑战保持清醒的头脑，未雨绸缪。

第一，变被动为主动，积极参与知识产权国际规则的制定。在当年的 GATT 乌拉圭回合复关谈判中，中国未能成功恢复 GATT 创始国资格，因而坐失直接成为 WTO 成员的机会，导致不得不再进行长达 7 年之久的"入世"谈判，并为此付出沉重的代价。也正因如此，在知识产权领域，中国只能作为 TRIPS 的被动接受者，而不能在其制定过程中有任何作为。在后 TRIPS 时代，作为正在崛起和转型中的大国，中国应当变被动为主动，积极参与各种国际规则的制定，争取国际事务的话语权。在 TPP 和 ACTA 知识产权规则的制定过程中，我们已经觉察到一些发达国家正在有意排除中国同时又针对中国，如果我们置之不

---

① 吴汉东．知识产权战略实施的国际环境与中国场景：纪念中国加入世界贸易组织及《知识产权协议》10 周年［J］．法学，2012（2）：3－9．

② SELL S. TRIPS was never enough：Vertical Forum Shifting，FTAs，ACTA，and TPP［J］．Journal of Intellectual Property Law，2011，18（2）．

理、消极应对，将很有可能再度沦为国际新规则的被动接受者而陷入不利境地。因此，无论是多边体系还是区域协定，我们都宜主动出击，积极参与有关知识产权议题的谈判，发出中国声音。在 RCEP 谈判过程中，我国就实际发挥了主导作用。对于 CPTPP，我国宜持开放态度，不排除在适当时机加入其中的可能。在正在进行的中日韩等自贸区谈判中，积极主导或影响其中知识产权条款的制定。在我国“一带一路”倡议的实施进程中，注意加强与沿线国家在知识产权保护政策上的协调。①

第二，将知识产权议题置于国际经贸发展大局中通盘考虑，更加开放地看待“TRIPS 递增”趋势。以 TRIPS 为开端，发达国家已习惯于将知识产权问题与国际贸易问题紧密关联在一起。无论是 WTO，还是区域贸易协定或者 ACTA，无不如此。接受发达国家高水平知识产权保护标准，是发展中国家换取贸易机会的代价之一，以“TRIPS 递增”换取“WTO 递增”已成为当今的国际现实。因此，单独就知识产权保护水平的适度与否来探讨知识产权政策的取舍，其意义有限。入世以来，中国已快速发展成为世界第二大经济体，并超过美国成为世界第一大贸易国，经济对外依存度正逐年上升。因此，我们应当将知识产权问题置于国家经贸发展的大局之下做通盘考虑，据此确定在 TRIPS 以及各种区域贸易协定中的知识产权谈判策略。我们应当以更加开放的态度看待知识产权国际保护中所呈现的“TRIPS 递增”趋势。从长期来看，一定程度的知识产权外部压力或许能形成一种倒逼机制，更加有利于中国的创新驱动发展，加快我国经济发展方式的转变。同时，随着我国近年来海外投资和高新技术产品出口的不断增长，全球知识产权保护的“TRIPS 递增”趋势可能更加符合我国的长远发展利益，我国长期以来形成的知识产权弱国心态需要

---

① 詹映. 国际贸易体制区域化背景下知识产权国际立法新动向［J］. 国际经贸探索，2016，32（4）：99－112.

改变。

第三，在积极维护多边体制的同时，也应密切关注和顺应当前的区域化潮流，在知识产权议题上坚持多边和区域并举。自加入 WTO 以来，我国成为多边贸易体制的最大受益者，也一直是多边贸易体制的坚定支持者。以 WTO 为核心的多边贸易体制是全球贸易自由化的最重要载体，是任何区域贸易安排都无法替代的。维护公正、透明、非歧视的多边贸易体制，是各国贸易政策的首选，也是实现强劲、可持续发展的最重要途径。因此，我国首先应当继续维护多边贸易体制在全球贸易发展中的主导地位，坚定推动 WTO 多哈回合谈判。在知识产权议题上支持通过 TRIPS 框架解决分歧，在知识产权执法问题上可灵活应对，争取为多哈回合谈判创造更为有利的条件。与此同时，我们也应当正视当前风起云涌的区域化潮流，对包括 CPTPP 在内的各类区域性贸易安排持开放态度，积极开展有关自贸区谈判，以防止被边缘化。因此，对于未来知识产权国际立法机制的选择，我国宜采取多边体制和区域体制并重的策略。①

二、以 RCEP 为契机积极参与区域知识产权规则制定

（一）推进 RCEP 知识产权条款的国内履约

因为《中美第一阶段经贸协议》先于 RCEP 签订，所以 RCEP 签订之前国内相关的知识产权法律均已全面更新，国内知识产权规则保护标准在原有基础上也有了一定提升。其中，2019 年修订了《商标法》和《反不正当竞争法》，2020 年修订了《著作权法》和《专利法》。所以从整体上来看，我国国内的知识产权保护水平基本达到了 RCEP 的履约要求。但是需要注意在

① 詹映．国际贸易体制区域化背景下知识产权国际立法新动向［J］．国际经贸探索，2016，32（4）：99－112．

少数的几个问题和部分细节上还是有进一步完善的空间。

1. 加强权利管理电子信息保护

在著作权制度方面，我国《著作权法》基本符合 RCEP 知识产权章要求，部分还超出其保护标准，所以针对该部分履约无须进行较大修改。但是，有一个需要注意的细节就是对于权利管理电子信息的保护。RCEP 规定了权利管理电子信息侵犯著作权或相关权的五种情形（第 15 条），分别是故意去除或改变权利管理电子信息，分销、为分销目的进口、广播、向公众传播或提供明知未经许可被删除或改变信息的作品等行为。而我国《著作权法》第 51 条只规定了故意删除或改变以及向公众提供两种情形。对于 RCEP 所规定的内容，我国需要进一步加强对权利管理电子信息的保护。所以在具体条款设置上，还需要增加分销、为分销目的进口、广播等几种侵权的情形。

2. 构建气味商标保护制度

对于商标保护制度，RCEP 强调了可被视觉感知并不是商标注册必要条件，不能强制要求（第 19 条）。该条款虽然没有明确指出气味也是可以注册的，但是开放式规定，气味商标也在可以区分商品或服务且不被视觉感知的范围内。RCEP 中规定可选择加入的《新加坡商法条约》也规定“含除声音商标以外的非可视性标志”，指的就是气味商标。[①] 而我国《商标法》第 8 条是穷尽式列举，在规定可注册商标范围将气味商标排除在外，也就是说，我国目前并不保护气味商标。根据 RCEP 的规定，我国《商标法》还需要扩大可注册商标范围，将气味商标纳入保护。可采取的方式是继续使用开放加列举的方式进行界定，将气味放入所列举的要素当中，或者采取 RCEP 式的开放性表述，即只要求是能够被感知的可以将商品或服务区分开的标记及其组合。

① 湛茜. 非传统商标：国际注册问题研究［M］. 北京：知识产权出版社，2016：70.

3. 健全协调统一的地理标志保护制度

在地理标志的保护问题上，RCEP 要求有专门法或者商标法进行保护，而我国实行的是双轨并行的保护制度，既有商标法也有专门法。这就不可避免地出现问题，二者之间如何衔接，条款规定之间的冲突，等等。例如，对于该在先商标的使用对地理标志可能产生不利影响的情形，是否需要规定限制和例外。在地理标志和普通商标的保护可能产生冲突的问题上，应该怎样予以平衡和取舍。根据《知识产权强国建设纲要（2021—2035 年）》的要求，我国需要考虑如何使专门保护与商标保护相协调，强调地理标志作为一种特殊商标的独特价值，① 建立专门保护和商标保护相互协调的统一的地理标志保护制度。根据国家知识产权局发布的《地理标志保护和运用“十四五”规划》，要进行地理标志保护的专门立法，从两个维度出发：一是借鉴国外的地理标志保护制度，加强国内外的比较研究；二是立足我国实际，进行充分的实地调研，全面把握我国地理标志资源的状况，有针对性地提出建议。

4. 完善专利审查快速通道

在专利审查的问题上，为了提升效率，RCEP 要求各缔约国应当致力于加速专利审查的国内程序（第 46 条），并且该程序可以由专利申请人发起，这也是任择义务之一。而我国《专利法》只在第 34 条规定了申请人可以请求提前公布申请，从而缩短审查时间。同时《专利优先审查管理办法》规定对特殊类型的专利可以进行优先审查。② 但这两种情形都与快速审查存在区别，虽然在一定程度上缩短了专利审查的时间，但相较于专利快速审

① 孙智. 地理标志保护全球化的历史变迁及启示［J］. 国际经济法学刊，2021（4）：58－74.

② 国家知识产权局第 76 号令《专利优先审查管理办法》第 3 条。

查通道来说，压缩的时间依然有限[1]，进入快速审查通道的专利申请审查时间会得到极大的压缩。虽然国家知识产权局在 2016 年颁布了《关于开展知识产权快速协同保护工作的通知》，在一些优势产业聚集的省份布局了知识产权保护中心，进行快速审查等知识产权协同保护工作。经知识产权保护中心预审后的专利提交到国家知识产权局，可以进入快速审查通道。但是，我国在专利制度建设中还缺乏完善和普遍的专利审查快速通道，能否进行专利快速审查取决于当地是否建立了相关领域的保护中心。专利快速审查目前主要是立足于扶持各个地区的优势产业，所以在后续过程中还需要进一步扩大和完善布局，同时相关配套的专利快速审查管理办法和相应的程序规则也需要进一步改革。[2]

（二）推动各成员国对 RCEP 知识产权条款的履行

RCEP 于 2022 年 1 月 1 日对第一批提交核准书的十个成员国开始生效，而韩国成为第十一个核准 RCEP 的成员国。[3] 可以预见，剩下的四个成员国也会陆续通过 RCEP。但对于 RCEP 生效后各个国家的国内履约还存在不同程度的问题，会影响中国同其他成员国的知识产权合作，所以中国仍需在力所能及的范围内对部分成员国给予帮助。对内来说，当然是要做好生效实施准备工作，这一点我国已经基本准备就绪。在关税减让、原产地规则、约束性义务、地方和企业宣介培训、自贸区平台等方面均进行了

① 胡凌云，李发军. 中国专利申请审查通道对比初探［J］. 专利代理，2018（3）：50－54.

② 李芮.《区域全面经济伙伴关系协定》知识产权条款研究［D］. 武汉：中南财经政法大学，2022.

③ 韩联社.《区域全面经济伙伴关系协定》明年 2 月 1 日对韩生效［EB/OL］.（2021－12－06）［2021－12－10］. https://www.sohu.com/a/506077660_100159367.

准备工作。[①] 其中，在知识产权方面有知识产权全面保护承诺，最重要的一点就是进行我国的国内履约。我国国内的知识产权保护水平基本达到了 RCEP 的履约要求，所以 RCEP 知识产权条款的国内履约对于我国来说，不存在很大问题，可以尽快履行。

对于其他成员国来说，第一，像日韩这样的发达国家，鉴于其知识经济的发展程度，国内的知识产权保护标准基本都超过了 RCEP。除了部分条款是有利于保护发展中国家利益而对发达国家有不利影响的，如知识产权权利用尽制度，可能并未进行规定，还需要其进一步调整。但总体来说，发达国家进行 RCEP 知识产权条款国内履约不存在很大障碍。第二，对于其他的发展中国家甚至是最不发达国家来说，要履行 RCEP 知识产权条款可能还存在一定困难，所以中国可以协助其进行 RCEP 知识产权条款的履约，建立具有优势的知识产权制度。

（三）以 RCEP 为基础推进我国加入 CPTPP 谈判

当今世界正面临着百年未有之大变局，各种危机和灾难频发，所以中国加强与世界各国之间的合作势在必行。在 RCEP 签订之后，我国一直在积极寻求加入 CPTPP，同时新加坡、澳大利亚、智利等国家也对中国加入 CPTPP 表示欢迎，这无疑为我国化被动为主动、积极加入 CPTPP 谈判程序增强了信心。同时美国正处于新旧政府交替的重要窗口期，RCEP 协定已经正式签署并等待生效，日本释放出 CPTPP 即将扩容的信息，中国应该抓紧时机，积极推动加入 CPTPP 相关事宜。最好能赶在美国重返 CPTPP 之前加入，否则有美国存在的 CPTPP 不仅有可能提升知识产权标准，而且基于美国对于中国的态度，中国想要加入的难

---

① 商务部. 商务部国际司负责人谈 RCEP 即将正式生效有关情况［EB/OL］. (2021 - 11 - 06)［2021 - 11 - 10］. http://www.mofcom.gov.cn/article/syxwfb/202111/20211103215226.shtml.

度会倍增。第一，利用好 RCEP 已有的合作关系。在 RCEP 生效后可以与各成员国建立良好的伙伴关系，进一步加深合作与利益连接。然后从二者重合的成员国开始，最大限度地利用好已有资源，以现有自贸协定网络拓展新的自贸伙伴，以 RCEP 为基础进行 CPTPP 的洽谈。在知识产权规则方面以本国知识产权框架为基础充分与 CPTPP 各成员国沟通，尽可能地联系具有相似立场的国家。第二，要总结 RCEP 谈判过程中的经验，可能面对的利益分歧和使用的谈判技巧，对于如何进行利益交换和取舍，提前做好准备。在与已加入 RCEP 的 CPTPP 成员国洽谈过程中，抓住谈判重点和经验优势，因国而异，转换角色和谈判方式，以顺利推进 CPTPP 的洽谈。

（四）有效衔接 RCEP 与“一带一路”沿线国家知识产权规则

习近平总书记强调要坚持开放包容、平衡普惠的原则，深化与共建“一带一路”沿线国家和地区知识产权合作，倡导知识共享。① 吴汉东教授也认为要加强知识产权的国际保护，以“一带一路”为基础促进区域知识产权一体化的建设。② 在“一带一路”区域知识产权制度的建设上，可以借鉴区域自贸协定的制度经验。就 RCEP 来说，其成员国与“一带一路”沿线国家部分重合，二者包容普惠的发展理念也极为契合，RCEP 知识产权条款的保护水平也很适合于当前“一带一路”沿线国家的需求。所以要积极推动 RCEP 与“一带一路”框架的有效对接，将 RCEP 的知识产权保护标准运用到“一带一路”制度构建中，使“一带一路”倡议从非正式向正式的制度化方向发展。

---

① 习近平．全面加强知识产权保护工作　激发创新活力推动构建新发展格局［J］．当代党员，2021（4）：3－5．

② 吴汉东．“一带一路”战略下知识产权保护的中国选择［J］．人民论坛，2017（3）：94－96．

三、未雨绸缪，合理应对 CPTPP 知识产权条款

（一）科学制定符合国情的自由贸易协定知识产权谈判策略

虽然 CPTPP 对我国自由贸易协定谈判进程会产生负面的影响，但我国须坚定立场，逐步推进自由贸易区的建设，尤其是加快在亚太地区参与的自由贸易协定谈判进程，如中日韩自由贸易协定。此外，还要尽早开启同尚未与我国签订自由贸易协定的 CPTPP 缔约国的谈判，如加拿大和墨西哥，加强我国与这些缔约国的经贸合作。目前，RCEP 已完成谈判，虽然印度的退出使得这一自贸协议的影响力有所下降，但仍有助于降低 CPTPP 对我国产生的不利影响。①

当前，美国贸易保护主义抬头，其传统盟友开始寻求新的贸易伙伴来降低对美国经济的依赖度，像我国这样正在崛起的发展中国家自然成为这些国家的首选。我国应该把握这一时机，通过推进自由贸易网络的建设，形成新的南北合作关系，增加国际规则制定的话语权。以日本为例，在美国退出 TPP 之后，日本积极主导 CPTPP 谈判的同时也完成了日欧 EPA 的谈判，目前两项协议都已生效，日本成为世界第一和第四大自由贸易区的参与国，在建立自身经贸伙伴关系方面取得了令人瞩目的成就，也使得日本在今后的经贸谈判中取得了优势，增加了谈判筹码，并赢得区域合作的战略先机，这对我国有一定的启发和借鉴意义。

不可否认的是，知识产权规则已成为国际经贸规则的重要组成部分，因此建设自由贸易网络有利于向更多国家传达我国的知识产权保护理念。从目前我国已签订的自由贸易协定文本来看，

---

① 林思颖.《全面与进步跨太平洋伙伴关系协定》知识产权条款研究［D］. 武汉：中南财经政法大学，2020.

我国已在逐步优化知识产权内容，但仍有待完善。

（二）合理利用现行多边或区域体制来加强知识产权国际合作

从前文的论述中可以看到，CPTPP 知识产权条款对发展中国家是非常不友好的，它限制了 TRIPS 为发展中国家保留的规则制定空间，同时在技术援助、公共健康、传统知识、生物多样性等方面却未规定什么具体的规则，缺少协调发达国家与发展中国家利益平衡的机制，进一步加大了两者的利益失衡。若 CPTPP 的这些规定向国际知识产权标准发展和渗透，或许以我国不断提高的经济实力和知识产权保护水平，能够承受这些变化，但对于大多数发展中和欠发达国家，将面临着极大的压力。因此，为在知识产权领域树立负责任大国的国际形象，我们不能仅停留于单纯维护自身利益，还要为广大发展中和欠发达国家发声。我们要合理利用现行的多边或区域体制，联合发展中国家、欠发达国家和非政府组织，形成利益共同体，在传统知识、遗传资源、生物多样性等议题上达成共识，发出更加强有力的声音，抵抗损害自身利益的 TRIPS 递增条款广泛出现所带来的冲击。[①]

（三）科学研判和应对 CPTPP 知识产权条款的未来发展

1. 为我国加入 CPTPP 积极做好准备工作

此前，对于我国是否应该考虑加入 CPTPP 存在分歧。有观点认为，我国需要采取审慎的态度，因为“一旦加入 CPTPP，就会在各方面受制于人”，“科技自主化进程也将被打乱”。[②] 但仍有不少观点支持我国加入 CPTPP，全球化智库（CCG）认为

① 林思颖.《全面与进步跨太平洋伙伴关系协定》知识产权条款研究［D］. 武汉：中南财经政法大学，2020.

② 黄冠. 全面且进步的跨太平洋伙伴关系协定的政治经济影响［J］. 陕西师范大学学报（哲学社会科学版），2019（2）：155 - 163.

CPTPP代表着未来的自由贸易发展方向，与中国推崇的自由贸易原则相一致，有利于遏制当前以美国为代表的贸易保护主义势头，推动全球的自由贸易发展。[①] 当被问到我国是否正在考虑加入CPTPP时，商务部发言人高峰曾表示："中方主张建设开放透明、互利共赢的区域自由贸易安排，对于任何区域自贸协定，只要符合世贸组织原则，开放、包容、透明，有利于推动经济全球化和区域经济一体化，中方都是欢迎的。"[②] 可以看出，我国对于CPTPP还是保持着相对开放的态度，不排除在适当的时机加入的可能。

2020年11月，中国国家主席习近平在APEC领导人非正式会议上首次宣布中方将积极考虑加入CPTPP。此后，2020年年底的中央经济工作会议和2021年发布的政府工作报告均重申了这一政策立场。2021年9月16日，中国商务部部长王文涛向CPTPP保存方新西兰贸易与出口增长部部长奥康纳提交了中国正式申请加入CPTPP的书面信函。[③]

若我国能在美国重返前加入CPTPP，这无疑有利于我国掌握主动权。但退一步讲，即使美国重返后我国仍未加入，也应对CPTPP知识产权条款保持开放的心态，因为我们需要认识到，在双边或区域性谈判中TRIPS递增条款的广泛出现已成为不可阻挡的长期发展趋势。考虑到我国经济对外依赖度逐年提高，且随着创新型国家的建设和产业转型升级，我国知识产权货物的出口也将不断增长，CPTPP部分TRIPS递增条款很有可能将符合我国经

① 全球化智库（CCG）. CPTPP正式生效后首个相关报告《CPTPP，中国未来自由贸易发展的新机遇》在京发布［EB/OL］.（2019－01－09）［2019－12－22］. http：//www.ccg.org.cn/Event/View.aspx? Id＝10552.

② 王孝松. CPTPP：中国大步迈向全球化的阶梯［EB/OL］.（2019－12－12）［2019－12－22］. https：//www.thepaper.cn/newsDetail_forward_5205306.

③ 牟亚迪. 中国加入CPTPP：前景与建议［EB/OL］.（2021－10－13）［2023－12－05］. https：//www.163.com/dy/article/GM76APSJ0519D88G.html.

济发展的长远利益，因此，我们不能一味否定和拒绝接受这些条款。

2. 研判被搁置知识产权条款重返之可能性

CPTPP 搁置的条款体现了当前知识产权国际保护中极具争议的问题，如权利保护期的延长、数据独占权保护、互联网服务商的责任等。各缔约国选择搁置的方式暂时回避对这些问题的讨论，但并没有从根本上解决这些争议。所以，这些条款完全可能重新出现在新的国际知识产权谈判场合。笔者认为，第一种可能是随着美国重返 CPTPP 而重新开启对这些条款的谈判；第二种可能是在未来新的双边或区域性谈判中出现与这些条款相同和类似的规则，因为其是以美国为首的少数发达国家极力推崇的知识产权条款，可以说是体现了相关领域的最高保护标准。我国将来在参与知识产权国际规则制定的进程中难免会就这些内容与发达国家进行博弈。所以，我国有必要深入地研究这些条款重返的可能性、以何种方式重返以及重返的限度，并分析会给我国带来什么样的影响，权衡利弊，考虑相应的应对策略。

3. 关注美国国内知识产权立法和实践的新动向

美国在《2002 年贸易法案》中明确提出“确保美国所缔结的任何多边或双边贸易协定的知识产权内容反映与美国国内法近似的保护标准”的要求，[①] TPP/CPTPP 知识产权条款就是以美国国内法为蓝本的。例如，对技术保护措施和权利管理信息提供保护、为互联网提供商设立法律激励和避风港制度等条款就是以《美国数字千年版权法》为模板。因此，笔者认为，美国向全球推行知识产权高保护规则的最基本路径应该是：先调整国内知识产权立法，然后通过双边或区域性协议推行这些规则，进而影响缔约国国内的知识产权立法，最后顺理成章地在多边谈判场合提

① P. L. 107－210，116 Stat. 993（2002）.

出这些被多数国家所接受的规则。当前，美国是处于坚持不懈地将国内知识产权规则推广到双边和区域性场合的阶段。以知识产权执法条款的推行为例，美国先是寻求通过 ACTA 提高执法标准，ACTA 因欧盟议会否决失败后，将有关条款微调后纳入 TPP 知识产权章节，而其退出 TPP 后谈判成功的 USMCA 的知识产权执法内容又几乎与 TPP 一致。所以，除了关注美国在国际场合的知识产权造法活动，我们还应该把握源头，密切跟踪美国国内知识产权立法和实践的新动态，从而能及时地制定或调整相应的应对策略。

第三节　我国应对逆全球化新动向的知识产权策略

一、我国应对新冠疫情的知识产权国际协调之策

（一）积极推动并检视应对新冠疫情的知识产权国际协作

2019 年新冠疫情这一国际公共卫生紧急事件对我国在面对国际公共卫生紧急事件上提出了诸多知识产权方面的挑战，同时也促进了我国知识产权事业的进一步发展。尽管目前新冠疫情已基本结束，WHO 也宣布新冠疫情不再构成“国际关注的突发公共卫生事件”，但从制度到实践等各层面全方位制定知识产权策略，分层次、分步骤作出回应，并进行事后的检视，可为我国在下次遇到类似事件时提供应对经验，以便更有效地进行知识产权国际合作，争取更多的国际话语权。

在应对国际公共卫生紧急事件中，保障治疗药物的供给是缓解疫情压力的重要手段。首先，自主研制特效药并全面掌握药物专利是最为理想的解决途径，但通常来说这一过程耗时费力，在实践中的可操作性并不大；若无法达成此目标，通过对已知药物

进行筛选、研究、试验，开发国内外已知药物的第二药物用途将成为更为妥帖的方法。对已知药物进行第二药物用途专利申请是一种合理合法的行为，亦是一项保障药物供给的知识产权策略。第二药物用途专利的批准可以增强我国在与国外医药企业进行专利许可谈判时的底气，若能以此压低专利许可费用，可以为我国获取低价药品争取更大空间。其次，除以上述温和手段获取“物美价廉”的抗疫药品之外，在解决抗疫药品的供给保障问题上，仍需要辅以强制手段作为保障，通过强制许可和平行进口制度的落实为快速获取抗疫药品提供有力支撑。这两项制度可增强我国谈判过程中的威慑力，因此更应当得到高度重视。最后，在国际公共卫生紧急事件面前，注重对公众生命安全的及时救治，同时注重对知识产权权利人利益的保护，实现对创新的长久激励，注意各制度间的衔接配合以实现二者之间的平衡与协调，也应当成为我国知识产权策略的重要组成部分。①

（二）支持新冠医药品知识产权豁免

自新冠疫情暴发以来，中国不仅在国内的疫情防控方面表现卓越，在推动全球协作抗疫方面也堪称表率。中国已多次表态支持新冠肺炎疫苗的知识产权豁免，赢得了许多发展中国家和国际组织的高度赞赏。面对相关谈判陷入僵局的现状，中国可以采取更加灵活、更为实际的策略，并在公共健康领域的知识产权国际协作方面树立国际威望。

2022 年 6 月 12—17 日，WTO 第十二届部长级会议在瑞士日内瓦举行。经过艰苦谈判，各方终于就新冠疫情医药品知识产权豁免问题取得突破，会议通过了《关于〈TRIPS 协定〉的部长决定》和《关于 WTO 新冠肺炎疫情应对和未来疫情应对准备的部

---

① 曹紫荆．新冠疫苗知识产权豁免问题研究［D］．武汉：中南财经政法大学，2022.

长宣言》，同意对发展中国家豁免新冠疫苗专利，以帮助发展中国家提高新冠肺炎疫苗的可及性和可负担性，推动构建人类卫生健康共同体，推动疫后经济复苏。我国商务部世贸司负责人2022年6月20日在接受新华社记者专访时表示，中国为决定的达成作出了重要贡献，在谈判关键时刻发挥了建设性作用，展现了大国担当。①尽管目前已经通过新冠疫苗知识产权豁免协议，但距离该协议落地还有较长的路要走。中国可从以下几个方面，继续推进应对新冠疫情的知识产权国际协作。

第一，推动WTO早日就新冠疫苗知识产权豁免落地实施。我国商务部世贸司负责人表示，在本届部长级会议谈判关键阶段，作为新冠疫苗生产和供应大国，中国主动宣布不寻求享受豁免决定所提供的灵活性，彰显了大国担当，为决定顺利提交多边进程并最终达成会议成果奠定了基础。②由此可见，我国是在以实际行动捍卫多边贸易体制、践行人类命运共同体理念，并未一味只考虑中国自身的利益，而是在关键时刻，主动承诺放弃了本来可以享受到的发展中国家关于新冠疫苗知识产权豁免的优惠待遇，其背后体现了大国智慧和担当。

第二，继续支持多边框架下的抗疫合作机制，构建人类卫生健康共同体。2021年5月，习近平主席在第七十三届世界卫生大会上首次提出构建人类卫生健康共同体的新倡议，呼吁各国团结抗疫。为此，我们应当继续支持WHO推进“新冠肺炎疫苗实施计划”，提高疫苗在发展中国家的可及性和可负担性，为人类早日战胜新冠疫情作出积极贡献。这是深化和践行人类命运共同

---

① 谢希瑶. 中国推动世贸组织达成新冠疫苗知识产权豁免决定展现大国担当［EB/OL］.（2022－06－20）［2023－12－05］. http：//www. gov. cn/xinwen/2022－06/20/content_5696843. htm.

② 谢希瑶. 中国推动世贸组织达成新冠疫苗知识产权豁免决定展现大国担当［EB/OL］.（2022－06－20）［2023－12－05］. http：//www. gov. cn/xinwen/2022－06/20/content_5696843. htm.

体理念，展现大国担当的必要之举。

第三，以此次豁免谈判为契机，推动完善知识产权全球治理。近年来，在单边主义、保守主义和逆全球化思潮的冲击下，知识产权全球治理陷入困境。此次知识产权豁免谈判，是各国加强知识产权多边协作的重要契机，我们应当积极响应习近平总书记在中共中央政治局第二十五次集体学习重要讲话的要求，深度参与全球知识产权治理，推动全球知识产权治理体制向着更加公正合理方向发展。

（三）主动参与国际相关知识产权立法的完善

知识产权的国际竞争随着知识产权在世界经济、文化竞争中的地位不断升高而愈演愈烈，围绕着知识产权国际保护与合作，发达国家与发展中国家之间的矛盾和冲突一直存在。而新冠疫情的出现则加剧了发达国家与发展中国家之间关于知识产权保护的摩擦，印度、南非等国向 WTO 提交的豁免提案即是发展中国家对现行国际知识产权保护现状不满的体现。

现行 TRIPS 协定制定过程中，发展中国家受制于发达国家而被迫同意了不利于自己的条款。尽管在《多哈宣言》与总理事会决议中考虑到公共健康，提供了一些有利于公共健康保护的方案并反映在《TRIPS 协定修正案》中，但是于新冠疫情中发展中国家面临的公共卫生危机而言，知识产权对公共健康保护的负面影响仍然没有被 TRIPS 协定与公共健康相关的灵活性措施平衡。更为关键的是，随着新兴经济体对传统发达国家在全球产业链上游地位形成威胁，发达国家作为规则制定者，通过自由贸易协定制定了 TRIPS 递增条款，TRIPS 递增条款不仅没有缓解知识产权与公共健康的冲突，反而加重了国际知识产权保护规则对发展中国家公共健康造成的负担。①

未来TRIPS应当向发展中国家的公共健康保护倾斜。我国作为世界上最大的发展中国家和知识产权国际保护的责任大国，在推进全球知识产权治理方面有其自身的责任和使命，我国要主动深入参与知识产权全球治理，积极参与国际知识产权立法。就如此次在推动新冠疫苗知识产权豁免协议达成中的所作所为一样，通过实际行动，展现大国作用，提高我国在知识产权国际规则制定中的话语权和影响力。②

二、我国应对俄乌冲突的知识产权策略

（一）以开放化解风险，更加积极推进知识产权多边治理

近年来，以英国脱欧、美国"退群"和中美贸易战为标志，逆全球化浪潮不断袭来，在新冠疫情冲击下这一趋势进一步加剧。此次俄乌冲突中，以美国为首的西方国家对俄制裁及俄方的反制裁令全球化面临新的空前危机。然而，中国比任何其他国家都需要全球化，它不仅是我国经济发展的重要基础，也是国家安全的重要保障。此次以美国为首的西方国家对俄罗斯的全面制裁给我们提供了警示，中国经济越开放、越与世界高度融合，抵御西方制裁的能力才越强，安全也才越有保障。为此，我们应当坚定不移地进一步扩大开放，在知识产权领域应当更加积极主动地参与知识产权全球治理。基于此，我国应当在维护正常国际秩序和国际交流的同时，积极参与完善知识产权国际规则体系并推动规则实施，构建与国际更接轨的知识产权制度，加强我国涉外知

---

① 马一德. 全球治理大局下的知识产权强国建设［J］. 知识产权，2021（10）：41－54.

② 冯晓青. 我国知识产权制度实施的战略布局：关于《知识产权强国建设纲要（2021—2035年）》的理论思考［J］. 知识产权，2021（10）：55－81.

识产权解决能力。鉴于目前俄乌冲突的态势和我国始终秉持客观公正立场，我国可以积极探索和构建在知识产权领域加强对话与合作的机制，努力建立良好的知识产权生态体系，营造有利于创新和可持续发展的环境。

（二）巩固“一带一路”成果，搭建知识产权合作平台

2022 年 3 月 7 日，国家发改委明确表态，中方将继续同包括俄、乌在内的共建国家一道，推进共建“一带一路”高质量发展。俄罗斯科技创新部门承诺会加强“一带一路”科技合作。前日内瓦安全政策中心（GCSP）常驻执行官傅庸（Philipp Fluri）也认为：“乌克兰在未来的重建中，不管在任何形式的管理下，仍然会为中国保留‘一带一路’倡议。”① 俄乌冲突并未扰乱两国对于我国“一带一路”的支持和建设，也让辐射范围内的国家认识到科技创新的重要性。基于此，我国可以“一带一路”为基石，推进与经贸相关的多双边知识产权谈判，促进知识产权国际合作平台的搭建。除此之外，我国可以就“一带一路”沿线国家涉及俄乌冲突的知识产权纠纷予以法律援助，促成解决冲突下知识产权争议和保障知识产权安全的专项合作平台的建立。

（三）加强自身高新技术研发，应对西方未来可能制裁

西方国家能够对俄罗斯采取高新技术方面的制裁，同样也可以对我们采取类似的手段，此前的中美贸易战可见一斑。因此，我们要更加注重高新技术的研究开发，特别是能够引领未来的科技前沿技术，如人工智能、大数据、生物医药等。针对冲突中影响最大的芯片领域，我国应加强芯片技术的基础性研究。我国宜

---

① 乌克兰战后重建之路将更加仰赖中国一带一路［EB/OL］.（2022 - 03 - 02）［2023 - 12 - 05］. https：//www. weibo. com/ttarticle/p/show? id = 2309404742683771142598#_loginLayer_1647827970628.

继续与“一带一路”沿线国家加强科技合作，共建国际技术转移中心，增进国家间科技人员的交流协作，合作进行科技攻关，力争打破西方针对我国的关键技术封锁，以便应对未来西方可能对我国采取的科技制裁。

结　语

在本书即将付梓之时，本次逆全球化思潮从 2016 年正式兴起至今已过去 7 年之久。然而，中美贸易战还在继续，新冠疫情仍未完全结束，俄乌冲突也未见转冷，而新一轮巴以冲突重开战端，特朗普有可能在美国 2024 年总统选举中卷土重来，全世界仍然深陷逆全球化的泥沼之中。尽管从长远来看，全球化是人类文明的终极发展方向，但在笔者看来，这一波逆全球化思潮不会在近期内消退。特别是，如果中美两个大国不能理性管控分歧，最终走向全面对抗的局面，那么此次逆全球化的深度和广度还可能会进一步扩大，经历的时间也将更加漫长，它带给人类文明进程的破坏也将更加惨烈。知识产权国际保护自 19 世纪诞生之日起就是应全球化而生，也伴随全球化进程而不断发展。在面临逆全球化挑战的今天，我们需要认真观察并深入分析这次逆全球化的发展演进及其影响，从战略上认清我们正身处世界百年未有之大变局，当以人类命运共同体理念和大国和平崛起之大局观谋求国家长远发展，并全力维护世界和平。与此同时，从战术上更加积极地深度参与全球治理，在知识产权国际规则的制定中力争发挥更大的作用，为我国知识产权强国建设创造更为有利的国际环境，为中华民族伟大复兴砥砺前行。